우리는 우리

우리는 우리

시인수첩 시인선 084

이종섶 시집

여우난골

| 시인의 말 |

저물어가는 세계를 그린다
무채색으로 칠하는 나의 그림은
미완성의 붓질이다
불안한 언어가 떠다니고
미처 받아적지 못한 글자들이
공중에서 파괴된다
고개를 들고
구름 위에 쏟아지는 빛을 받아
눈물의 색깔을 바꾸고 싶었으나
두 발을 땅에서 뗄 수 없어
물눈으로 교체한다
물에도 눈이 있다면
대홍수의 검은 흔적이
출몰하는 세상을 보았으리라
그날의 약속을 그리워하는
신음의 길은 없다
오직 눈감은 해체만 있을 뿐

| 차 례 |

1부

2부

3부

4부

1부

대폭발

천체는 우주에 뭉쳐 있는 물질 덩어리
강력한 중심이 국민을 통제한다는
우주의 천동설을 믿고
세계대전 이후 냉전 체제에서
시끄러운 태양계는 은하에 속한다는
수직적 부분 행성계 학설을 정초했다
백색소음의 속성에 관한 정설은
생물체 영역의 비물질화에서
부분에 대한 전체의 선행성과 우월성
개인의 이익보다 집단의 이익
부분은 바로 전체이며, 전체와 동일
금속함량비를 가진 태양의 권력은
마지막 순간 중심에 블랙홀을 남긴다
빛도 빠져나올 수 없는 전체주의
진리는 천체라는 깃발 아래 결집된다
초기 질량이 태양 이하인 행성들이
산업사회를 과격하게 배척할 때
정복을 독점하는 전체가 폭발한다

절대군주의 업적은 인공천체의 조직화
전개 과정을 반납한 일부가
통제의 전체성으로 확보한 진리
전체로만 천체에 포함되는 기원이다

고등어 고등법원

프랑스 최고사법기관 파를망은 눈이 크고 동공 부위가 노출되었다

두 눈 사이는 고등법원의 기원이 되어 위턱의 끝이 파를레 궁정회의 중앙 아래에 달했다

루이 9세 최고재판소에서 어체를 갈라 아가미와 내장을 개편해 행정권까지 장악했다

등뼈 부근 육부에는 안칼을 질러 식염을 내부까지 침투시켰다

등은 암청색이며 배는 은백색을 띠는 파리 고등법원이 설치되고

청흑색의 물결무늬가 측선에 분포하는 지방에도 고등법원이 세워졌다

계절에 따라 알맞은 수온의 해역에서 떼를 짓는 권한도 독립적이어서

여름에는 북쪽으로 겨울에는 남쪽으로 이동했다

독자주의의 완강한 산란으로 왕권 강화에 장애가 되자 묽은 염수로 피와 오물을 세척했다

재판권 외에도 행정 권한이 부여되어 한국의 남해로 몰려와 북으로 올라갔다

국왕의 칙령도 고등법원의 승인 없이 발효될 수 없어

한 무리는 동해로 한 무리는 서해로 올라갔다

언론의 지지를 받아 절대왕정의 물기를 뺀 복부에 소금을 뿌려 염장했다

루이 14세 치하 서해로 올라가는 무리가 강하면 동으로 올라가는 무리가 약했다

마자랭의 재정 정책에 따라 동해로 올라가는 무리가 커지면 서해로 올라가는 무리가 작아졌다

40년 주기로 돌을 던지며 봉기한 프롱드 난의 도화선이 되었으나

혁명으로 인해 의회 없는 어권은 매립되었다

사잇소금을 넣으며 열작한 어체를 원상태로 잿였다

고등법원의 평정관이 매관제로 신흥귀족이 되었고

한국 유사종 망치고등어가 그 자리를 차지했다

둥근 암청색 무늬로 구별하지만 개체변이가 관찰되어 사찰이 필수였다

귀족의 특권을 유지하려고 절대왕정의 약화를 촉진시켜 혁명을 시도했으나

일주일 만에 식염의 침투가 끝나 고등형을 선고받았다

우주위험 위기경보

우주소년 아톰 주제가가 리메이크된다 중국 우주정거장 톈궁 1호가 남태평양에 추락한 것으로 확인됐기 때문이다 베이징은 상상할 수 없을 정도로 미세먼지의 피해가 심각하다 가수 메이린은 우주소년 아톰을 위해 True Blue를 새롭게 불렀다 인공우주물체 매뉴얼에 따른 우주위험 위기경보 발령을 해제하고 우주위험대책반 운영을 종료했다 베이징에 거주했던 라스 라스무센 노키아 마케팅 대표는 가족과 함께 덴마크로 돌아가기로 결정했다 황사가 발원하는 몽골과 중국 북부 지역 강수량이 적은데다, 고원에 덮여 있는 눈이 녹을 것으로 전망되기 때문이다 True Blue는 외국인들이 에어포칼립스* 상태인 베이징을 떠난다고 보도했다 메이린은 새로운 싱글앨범 발매를 앞두고 톈궁 1호의 잔해가 떠돌아다닐 가능성에 대비해 우주위험 위기경보 수준을 '경계'로 높였다 베이징에 거주하는 20만 명의 외국인 중 어느 정도가 떠났는지 알 수 없으나 베이징의 미세먼지 농도는 세계보건기구 권고기준의 약 40배에 달할 정도였다 유튜버들은 다 아는 톈궁의 블랙박스 암호는 True Blue다

* 에어포칼립스: 공기(air)와 종말(apocalypse) 합성어로, 대기오염으로 인한 종말을 뜻한다.

우리는 우리

말하는 자기와 듣는 우주의 물질 단위는 인칭이다
집이나 공간의 둘레에 인칭대명사가 별이 되고
천 개 이상 모여 은하계라는 소우주를 형성한다
막기 위하여 축조한 건조물을 가리키는 일인칭 소우주는
1천억 개 담을 관측하는 대우주 밖을 모른다
우리가 나아갈 길은 밖에서 안을 보호하면서
3인칭 복수의 침입을 막는 문법을 정비하는 것
말하는 자의 안이 보이지 않는 초기 모델은 지구중심설
높지 않은 사람의 공간을 다른 성격으로 구분한다
갈릴레오가 망원경을 이용해 천체의 울타리를 만들면서
지구중심설에 비인칭이 제기되었다
자기를 포함한 담을 언제부터 쌓았는지 밝히기 어려워
코페르니쿠스는 정밀한 천문법으로 태양중심설을 가미하였다
여러 사람을 가리키는 일인칭 대명사
뉴턴이 만유인력의 존칭을 발견하면서
성읍국가시대의 고전 역학에 우주론이 접목되었다

행랑마당과 사랑마당을 구분해 놓은 담은
두 공간 사이 친밀한 관계를 나타낸다
우리 먼저 나간다 수고해라
지배 집단과 피지배 집단 사이에 주거 차이가 발생하면서
말과 언어의 관측 기술이 고도로 발전되었고
존귀한 인류는 하나밖에 없는 태양이 우주에서
수천억 개 은하 중 하나라는 사실을 깨닫게 되었다
말하는 방향으로 균일하게 분포된 우주는
가장자리도 아랫목도 중심도 없다
신분에 따른 위엄을 자손만대 잇기 위하여
낮은 사람을 상대하는 극성에 군림한다
거대한 공백에서 소용돌이치는 거품을 먹고 산다
담과 같은 구조물로 추정되는 20세기 초의 발견
우주가 시작되었고
우주가 팽창하고 있다

Missa Solemnis

제1곡 Kyrie

공대공미사의 힘찬 으뜸화음으로 시작하는
한미미사 양해 고백서
위대한 나라의 Kyrie, eleison 미사로
지대공미사 기술을 찬미하며
사정거리 180㎞ 지대지미사를 구축하면
미국에 영원한 부품을 지원하는 그리스도께서
공대지미사를 긍휼히 여기신다
박정희 사후 미사는 다성으로 전개하는 Christe, eleison
공대지호밍미사를 주여, 불쌍히 여기소서

제2곡 Gloria

대전차미사 양해 기도문
'하늘의 영광' 서주를 온화하게 부른다
한국 서전트미사 범위를 제한하는 스커드미사의 항공

우주산업이
독생자 예수를 위해 준중거리탄도미사를 드린다
주의 영광 로켓 시스템 Gloria in excelsis Deo를
'아버지의 영광' 탄도로켓체제로 외치면서
'아멘'의 연호를 이끌어낸다
글로리아의 열광적인 평화가
이 땅의 선한 사람들에게 있으라

제3곡 Credo

전능하신 아버지를 믿는
대레이더미사 레시타티브를 정점으로
스틱스미사의 장대한 포르테가
'사람인 우리를 위해서'를 감동적으로 개량한다
Credo in unum Deum, Patrem 스팅어미사는
'성령을 힘입어 동정녀 마리아에게서'를 약속하는
스패로미사의 순결한 신앙

두 나라 사이의 omnipotentem이
미래의 생명을 기다리는 장대한 푸가로 발전하여
천지와 스파튼미사를 만드신 주를 믿는다

제4곡 Sanctus

거룩할진저, 만군의 주이신
대륙간탄도미사 저음부 전주가
'대량살상무기 비확산정책'을 유도해
Sanctus Benedictus 협상을 성공한다
중거리탄도미사 '주의 영광 천지에 충만하도다' 발전부는
미국 Sanctus, Sanctus 이중 규제 리듬을
자유롭게 구사하는 완벽한 거리를 유지한다
단거리공격미사를 300㎞로 합의하는
Sanctus Dominus Deus Sabaoth!
'베네딕투스'의 감동적인 클라이맥스가
천지에 충만하도다

제5곡 Agnus Dei

세상 죄를 멸하시는 함대공미사 독창이
하늘의 거룩한 응답을 받으면
탄도요격미사 '우리에게 평화'가 전쟁을 보장하고
양해 찬미를 비통한 피아니시모 전술미사로 마무리하는
Agnus Dei
탄도미사 간구는 더욱 절실해지나
miserere nobis를 공중발사탄도미사에 장착한
탄두중량 500㎏의 최후 투티
Dona nobis pacem이 사정없이 발사될 그날
우리를 불쌍히 여기소서, 주여

남북전쟁

자유와 평등을 위하는 미국이 통킹만 사건을 구실로 북베트남 폭격하자 링컨은 노예제도에 반대하는 강북의 승리를 이끌었다 소련과 중국의 도움으로 군사력이 앞선 북한은 제2차 세계대전에서 일본이 베트남을 점령하게 했고 베트남민주공화국 수립과 독립을 선포하게 했다 링컨 비상조치로 미국이 전쟁에 개입할 때 제네바 휴전 협정으로 베트남이 분단되어 일본에 있던 미군이 한국에 상륙했다 남부가 전쟁을 끝내려고 워싱턴을 공략하자 대규모 개입에 맞선 인민군 공세에 유엔군이 반도의 허리를 치고 들어왔다 존슨 정부는 남베트남에 주둔하는 미군을 늘리고 국군과 유엔군은 중공군에게 밀려 한강 남쪽으로 후퇴하다 반격을 개시하면서 38선 공방전이 펼쳐졌다 북베트남에 폭탄 백만 톤이 투하되고 미국과 북베트남 사이 평화협정 체결 안건이 등장할 때 군사개입 중단을 내세운 닉슨이 당선되었다 강남 우세는 역전되어 미군 철수 계획을 발표하자 남베트남민족해방전선이 대규모 봉기를 일으켰고 남베트남에서 미군 철수와 포로 교환이 이루어졌다 폭압이 더욱 강화된 백두산에서 전쟁 책임론으로 정적을 숙청하고 북베트남은 남베트남의 수도 사이공을 점령했다 남군 항복으로 포로 송환에 합의할 때 링컨이 흉탄에 쓰러진 후유증을 극복하지 못했고 고엽제 피해자들은 군정하에 놓였으나 전쟁이 멈춘 것은 분명했다

탄저균

유탄의 생물학 공식 명칭 한국공업규격에 따르면 연탄 발열량은 초보 운전자들에게 포자 건조 상태로 생존한다 참호 속 적군을 섭취하는 초식동물이 폭발할 때 효과적이다 육식동물에게 발생 빈도가 적은 독소는 혈액 내의 면역세포에 급성 사망을 유발시킨다 유럽에서 직진 불가능한 병사들을 선발하여 강한 저항을 파괴하지 않는 척탄병으로 훈련시킨다 오염된 석회류를 배합하고 소화기 사정거리를 소독하면 탄저균 접촉 경로가 줄어들면서 유탄 사용이 중단되고 사체는 곤충에 물려 감염되는 U턴 표지판을 찾는다 탄저균을 소화한 러일전쟁에 유사한 증상이 나타나 적진을 공격하는 병원균에 엄청난 울혈이 증가된다 제2차 포자는 땅속에 묻은 시체에서도 생존해 미국이 세열유탄을 사용하는 교차로에서 유턴이 가능하나 우회전은 독일에서 연합군 가축을 몰살시킨다 미국, 일본, 독일, 소련, 영국의 제2차 공업은 금속용기에 고성능 폭발 물질을 구성한다 일본 731부대 폭발 유탄은 불안하게 투척한 소련에서 미국 우편 테러 집단 녹색 보행 신호는 특정 날짜에 U턴을 허용하는 폭발성 생물학무기로 각광을 받는다 탄저병 감염 후 세열유탄 금속 몸통이나 껍데기는 생명에 치명적인 조각들로 발병해 사방으로 퍼져나간다 사망률이 U턴에 탄저균을 합성해 대도시에 배달한다 미세한 폭발성 유탄을 저공비행 살포하면 수소폭탄에 맞먹는 시가지 탄저균이 휘발성 핸들을 끝까지 감아 가속 회전을 분말 형태로 터뜨린다 급가속 민간 연탄은 폭발하지 않는 오움진리교 횡단보도를 중앙선에서 무리하게 침범하는 탄저백신으로 스키드마크 U턴을 하고 계엄군은 거리를 측정한다 화학 가스 유탄을 생산하는 도로에서 백신은 부작용 후진을 반복하고 항생제 총류탄은 소화기 총구에 탄약통의 여론 변화를 주입한다 공포탄 비행 효과가 병원성 미생물 언론 전쟁에 적중할 때 새로운 총류탄 무게를 투여해 특수 화약을 완전히 제압한다 인간과 미생물 간의 주도권 쟁탈전이다

킬러그램

킬로그램은 유일하게 국제 접두어가 붙은 단위인데,
짚신벌레 효모의 유전형질 1종이었다
어렸을 적 보육원 원장의 환청을 끊임없이 들으며
103을 뜻하는 접두어 킬로 k가 붙어 있었다

독성물질을 방출해서 무미건조하게 살아가던 프랭크는
접두어가 없는 그램 g를 프랑스에서 녹는점의 순수한 물 1cm의 질량으로 납치했다
같은 배양기 내에서 증식하는 다른 계통을 죽이는 청부업을 시나리오로 바꿨다

미터 협약으로 설립된 국제도량형총회는
죽이는 쪽을 킬러, 당하는 쪽을 센시티브라고 했다
과장이 심하다고 생각하는 학생들을 백금과 이리듐의 합금으로 위협해
수학이나 과학의 미궁 속으로 빠트렸다

킬러형질은 세포질 유전하는데,

자신을 믿어주는 재키를 사랑하는 프랭크는 파리의 국제도량형국에 보관되어 있다

세포질 속에 갱단의 치부가 있다는 사실을 알게 된 두목 토니는

미국이 보유하고 있는 핵유전자 K에게 재키를 없애라고 지시했다

유일하게 사랑했던 재키를 잃은 프랭크의 외로운 복수가 질량의 표준이 된 후,

내면이 오염되어 불규칙한 눈금이 늘어났다

킬러형질의 발현에 필요한 방법을 세척하도록 요원 이니셜을 kg로 정했다

오픈핑거 글러브

UFC, 프라이드 격투기에서 대세를 타기 시작한 핑거 푸드는 포크를 분리한 글러브와 엄지만을 격리한 미튼으로 나뉜다 젓가락을 사용하지 않고 손으로만 먹는다 상대 가드를 받지 않는 이소룡이 발명하여 스파링을 선보인 고고학자가 용쟁호투에 나온다 구석기시대에 손가락이 없는 주머니 모양의 긴 장갑은 그래플링 무술을 사용하기 위한 중세 상류층에 많이 보급되어 헝겊으로 만든 것과 가죽으로 만든 것이 사용되었다 손가락을 열고 자유자재로 먹는 것이 일반적인 핑거 푸드는 고기 파이와 소시지 롤에 자수나 보석으로 장식해 신분이나 계급의 상징이 되었다 닭다리와 닭 날개 패드가 글러브보다 작은 14세기 상류층 남자들에게 일반화되었다 이런 글러브로는 선수를 보호할 수 없다고 맨손 음식 피자가 동그란 링을 만들었다 닫힌 상태에서 여는 자세는 자신의 자세를 바꾸지만 장갑을 땅에 던지거나 상대 얼굴을 때리면서 도전해도 맨손 수준의 정교한 관절 꺾기는 무리다 국가의 결혼식 행사에서 먹을 영국 여왕 엘리자베스 1세는 호화롭게 장식한 장갑을 애용하며 핑거 푸드를 제공하는 연회 사업에 성공했다 라이벌 거리를 늘리는 오픈핑거 글러브의 제조 기술은 비약적인 진보를 보여 손이 잘 빠지지 않으나 컷이 잘 나는 단점이 있다 부드러운 새끼 양의 가죽 장갑을 끼고 먹을 수 있는 음식은 낮에는 빛깔이 있는 바닥보다는 네트 위로 라켓을 휘두르는 정장에 잘 어울린다 여성용 장갑도 19세기 초기에는 극도로 긴 팔꿈치 이상의 것이 검을 잡은 자세에서 공격을 막지 않는 끈으로 고정하는 손가락 끝이 찢어지는 단점이 있다

오르간 오르가즘

오르간의 기원은 상당히 오래 되었다 성 반응주기에서 신체나 정신으로 아들에게 병적으로 집착하는 시어머니와 며느리 사이에 벌어지는 오르막은 BC 265년 이집트의 알렉산드리아에서 쾌감이 최고조에 도달했다 홀로 애지중지 키워온 아들의 힘으로 송풍장치를 만드는 성 반응에 흥분기와 상승기로 성 반응을 했다 어머니의 각별한 손가락으로 연주하는 혈관충족 단계에서 결혼을 알린 오르간은 개량되어 질의 윤활과 팽창이 일어났다 아들이 바라는 대로 물의 송풍장치는 뉴매틱 단계에서 반사적인 근육으로 수축했다 신혼여행에서 돌아온 여자에게 오르간의 쾌감이 지각되어 르네상스의 구조적인 개량을 시도했다 파이프나 스톱은 비슷하게 주무르고 질이나 자궁을 둘러싼 조직이나 골반근이 며느리의 오해라고 매도했다 집을 나갔던 예전처럼 둘만의 행복을 꿈꾸던 낭만파 영향으로 성적인 실랑이가 벌어졌다 오르가즘부전의 손아귀에서 벗어날 수 없는 힌데미트가 작품을 열고 메시앙이 올가미를 두었다

멜라닌 멜랑꼴리

식물학적으로 우울한 멜론은 중세 프랑스 문학과 감성의 주제다
우울이 지속되는 머스크멜론은 티로신의 대사 과정 마지막 생성물로 피부 생활에 지장을 주는 증상이다
높은 마디에 착과하는 화려했던 때가 가고
스스로 날 때부터 어리석은 멜랑꼴리라고 기재한다

이유를 알 수 없는 우울감의 부정적 평가는 동물 조직에 멜라닌을 저장한다
색소침착이 일어나는 아케디아 신에 대한 대역죄 프리즘의 갖가지 층위에서 신적 의미가 세계질서에 위협이 된다
멜랑꼴리의 기성질서 합의에 계몽주의는 인간 본성의 우울과 기질을 완전히 구분한다

한 시대가 겪었던 사상적인 결각이 토성의 지배에 가까운 암꽃의 불안과 모성 반응으로 나태하다
뒤러의 멜랑꼴리아가 음험함이나 활발하지 않아

수수께끼를 흡수하는 메커니즘은 잎겨드랑이에 한 송이씩 정착되는 19세기 멜랑꼴리 디프레션으로 대체된다

일몰 후 안구에 산란된 빛을 흡수하여 사회가 재편되는 수학적 질서를 부여하면
멜라닌 색소침착은 행복에 대한 과도한 활동을 형상화한다
뭉크는 고정관념의 감정과 우울한 정서의 표피가 노출되어 멜라닌 색소가 증가하는 살갗을 그린다

자유의지가 낳은 인생의 관조를 명료하게 드러내는 습도가 죽음의 품질에 지나친 영향을 준다
모든 것이 죽을 수밖에 없다는 퀸의 현실은
뉴스 오브 더 월드의 고통 없는 즐거움에 서식하는 멜랑꼴리를 묘사한다

비틀즈의 존 레논도 멜랑꼴리한
눈앞의 현실에 눈을 감게 되는 기쁨과 슬픔 사이의 적

응을 위해 검은색 깃털을 양산했다

어둡고 음울한 마음으로

난방하는 슬픔으로

우리가 진정 우리가 될 수 있는 멜랑꼴리를 시식한다

팬데믹

팬과 마니아는 세계적인 전염병
세계보건기구의 최고 등급
풍차의 회전에 연속적으로 기체 에너지를 주고
동물의 고도 지능을 열광적으로 소비한다
위험도에 따라 경보 단계를 나누는데
낮은 저항의 기계로 조직사회를 이루고
언어와 도구를 사용할 때부터
사회에서 습득하며 자손에게 물려준다
물품을 사고 카페에서 활동하는
팬은 모두, 데믹은 사람
전염병이 전파되어 감염되는 배출구에서
신체는 생물의 유전으로 전해지지만,
생후에 습득한 기술은 사회를 통해 전염된다
신적 영감과 밀접한 형질은
병자의 광기와는 다른 생활의 진보
죽음을 앞둔 인간에게 급속히 퍼지면서
빠른 속도로 영원한 해후를 초월한다
정지한 것처럼 보이는 동물적 삶을 위해

예언술이 전염병 방지 지침을 내린다
지혜를 간직한 뇌의 발전은
악명 높은 검은 바람의 풍량을 환산해
화석인류의 이족직립보행을 탄생시켰다
풍압은 인간의 생물 특성에 최적화된 팬데믹
독특한 생활을 영위하는 인간 세계가 나타났다

코호트 격리

문화주택 격리시설 가축 우리
폐쇄된 공간에 격리하는 유행성 감염 질환
자재 관리나 금전 출납을 맡은
고대 로마 군대의 문화 특성을 공유한 세대가
중세 유럽에서 유행했던 방역 조치
중앙아시아 타슈켄트 지역을 건너
지중해 무대의 격리 규정이 되었다
도시를 쑥밭으로 만든 가치체계와 태도에 맞서
발원지를 물리적으로 폐쇄하는 사람의 이동
외부 전파를 방지하는 산간지대는
기원전부터 쥐벼룩이 전파하는 격리일지를
흙을 두텁게 덮는 시장세분화로 변용했다
역질을 본국으로 수입한 상인들이
유럽 전역으로 징기스칸 서방 원정을 담당해
생태학적 마케팅에 검은 반점을 찍었다
달걀 크기 종창을 동반하는 베이비부머는
폐쇄한 사망률 바이러스 경리업무일지 암호를 해독해
잠복기가 지나는 태양 바깥쪽에 백신을 투여했다

병이 전염되는 빛의 식별이 어렵지만
개기일식 때 가려진 태양 가장자리에서
밝게 빛나는 불꽃이 확진되었다
달의 절반을 빛내는 밀레니얼 항목은
울타리 안에서 너무 뜨겁게 타올라
세상 밖으로 나가지 않으면 볼 수가 없었다

따뜻한 북극

인간의 불행이 따뜻해지는 원인
무자비하고 비극적인 운명이
가장 고귀하고 용감한 인간을 기린다
북극의 가장자리는 나무가 자라지 않는다는
낙관적인 견해에도 불구하고
전쟁이나 암살 같은 실제 사건을
무대에서 상연하기보다 등장인물의 입으로 폭로한다
분열이 발생하는 온난화의 기본은 해빙이므로
빙산은 생기지 않거나 생겨도 아주 작다
질서 있는 세계는 운명의 장난
위대하고 고결한 정신이 패배했을까
동물은 가죽을 벗어 먼 바다로 보낸다
식물은 꽃을 피우고 열매를 맺으며
기적극이나 신비극으로 속죄한다
강제가 없으면 기온이 하강한다는 비관론자들은
높은 신분과 천한 계급을 혼합해
영혼을 데우는 주범으로 몰아간다
고통에 대한 보답은 패배가 아닌 필연적인 승리

희망 없는 온도를 팽팽하게 당긴다
위대한 싸움은 해빙을 만들지 않아
더 높은 고도로 서식지를 옮긴다

눈사람

엉겨붙은 눈송이로 시각 정보를 만드는
현생 인류 호모 사피엔스
급속한 산업화 과정을 배경으로
시골에서 살던 눈사람이 도시로 올라와
야망의 뒷골목에서 허망한 패배를 맛본다
직립보행과 언어 능력의 실패로
뒷골목 유인원에게 수화와 도형언어를 학습시켜
눈사람 재료에 필요한 어둠을 뿌린다
고대 동물 화석의 혈통적 관계가
포근한 날 물의 껍질로 변이하는 상피층을
급속한 도시화 과정에 예보한다
황금만능의 함박눈은 팽배하며 뭉쳐지나
가루눈은 시신경과 혈관이 통과하는
아래쪽 눈덩이가 큰 눈사람이 다수
위를 쳐다보는 자세로 누워
물질 위주의 가치관을 골목에 방치한다
욕망으로 타락하는 먼지와
공기 중에 부유하는 눈이 달라붙으면

위쪽 눈덩이가 더 큰 가분수 눈사람은
비인간화의 고통과 불화의 적설량을 해석한다
휴머니즘의 폭설에 희생되는 순결한 영혼의 짧은 삶을
폭력에 대한 비판적 저항이었다고
눈사람의 성장사 마지막에 첨부한다
코에 당근을 꽂고 모자까지 씌워주며
인류의 연대성을 심화시키는 전체주의자들은
눈부신 전쟁을 막아야 한다며 목숨을 던진
최초의 눈사람 기록을 지워버렸다

2부

타임머신 올림픽

양측의 공방이 치열한 올림픽위원회

타임머신으로 축지법 쓰는 사람을 데려와 육상 종목에 출전시키는 나라 때문이었다 거액의 계약금까지 주게 되자 과거 시대 인간들은 무술을 연마해 미래로 진출하는 것이 목표가 되었고 시대구분 없이 원하는 사람 모두에게 선수 자격을 주자는 말까지 나온 것이었다 그보다 더 심각한 문제가 발생했다 각 시대마다 올림픽을 개최하면서 타임머신으로 선수들을 데려가는 바람에 언제든지 올림픽에 출전할 수 있어 운동선수들은 올림픽 특수를 누렸고 사람들도 날마다 올림픽을 볼 수 있었다 시대를 불문하고 올림픽에 혈안이 되어 매일같이 올림픽을 먹고 마시는 통에 올림픽 없이는 단 하루도 살 수 없어 온 세상이 올림픽에 미쳐 돌아갔다 승마 경기에는 적토마가 나오고 양궁 경기에는 로빈훗이 나오고 역사의 유명한 사람들은 모두 나왔으니 그야말로 별천지 올림픽

결론을 내리지 못한 위원회는 곧바로 해산되었다

4인칭

홀로 살다 쓸쓸하게 맞이하는 탑골공원
백골이 된 망자들이 사회문제로 드러나면
인칭 문제를 둘러싼 사물의 관계는
구체적인 언어의 암묵적인 이해에 맡겨지고
상황 지시의 원점에 상정된다
사망을 야기한 파고다공원으로 개원하였으나
위험에 노출된 독거노인들은 박카스공원으로 개칭
고독사에 대처하는 안전 매뉴얼에 따라
힘없는 권력을 향해 독립선언문을 낭독한다
그 밖의 사람을 가리키는 대명사 3인칭은
판을 끝내는 인칭 세계를 구성
인칭 의식 발달 초기 여성 단수 2인칭을
주변 인물로 포함하는 계약을 맺고
증여자의 사망으로 효력이 발생하는
주검의 혈흔에 관한 보고를 입법하면
고독사를 방지하는 골목 상권이 문상한다
문법이 확정되지 않은 부정칭이
핵가족 해체 이후 등장한 문제를 푸는 동안

대상 없는 성인병에 의한 사망은
청계천과 인사동을 연계한 코스에
고독사 없는 요양 거리를 추진한다

올드 랭 사인

가족 없이 혼자 사는 노인의 나라는 없다
나이가 들어 군자금을 잃어버린
어떤 노인의 고음역 청각은
생애 최대로 심장이 안정적일 때
신경 전달 속도의 독거 문제를 일으켜
시체가 가득한 사건 현장에서 군가를 부른다
장기수의 중량 감소가 수반되는 노화는
핵가족의 불화로 분가가 일어나면서
40대에 80세의 뇌 크기로 위축된 돌싱들이
고독사 현장에 자주 의식을 주입하려고
애국가의 호르몬 분비 기능을 고문한다
죄책감에 시달리는 노화 민족은
적응 능력 부족의 식민지를 지배해
주변인과 사교하는 사건 현장에서
괴한에게 추적당하는 고립과 멸시가 투쟁한다
살인마는 산소통으로 수명 연장을 저지르나
매캐한 연기 속으로 나라가 사라지는 순간
노화 색소의 축적은 설탕물로 목숨을 부지한다

은퇴를 앞둔 늙은 독립군의 평균수명은
배양기에서 분열 가능한 장수 세포일수록
같이 살던 수감자들이 탈옥해도
혼자 남아 광기를 유지한다
광복 후에도 외롭게 살다 죽는
늙은 여성 유공자들이 해마다 증가해
독방에서 최후를 맞이할 때도
분열 증식을 계속하는 세포
공급 개체보다 장수하는 노화의 분열 수명이
눈 감고 반복하는 중독을 완성하면
의지 없는 천부에게 손들고 항복한다

트랜스포머 유모차

그 흔한 자동차 한 대 없이 지낸 김 여사가 늘그막에 마련한 다목적 차량, 인생 공로를 인정받아 안전하고 멋진 유럽풍 승용차를 무상으로 제공받았다

일이면 일 레저면 레저 못하는 게 없다 파지를 나르는 전문 작업이나 산책을 돕는 애완 로봇으로 적합하다

잘 넘어지지 않고 시야도 뛰어나 앞은 낮고 뒤는 높은 운전자 중심의 전저후고 인체공학적 루프라인, 단순함을 최대한 살리면서도 볼륨을 강조한 해치백 스타일의 디자인도 매력적이다

신분이 높을수록 선택 기준이 까다로워 가다 서다를 반복하는 구간에서도 승차감이 좋은지, 손잡이 위치가 미는 사람의 배꼽 높이인지, 좌우 폭은 어깨 넓이와 일치하는지 꼼꼼하게 테스트한다

자식 위해 목숨까지 걸었던 김 여사, 골목은 물론 갓

길 주행까지 거뜬하게 소화해낸다 조작법도 모르고 운전
면허도 없으나 어깨너머로 배운 솜씨가 일품

변화무쌍한 트랜스포머 유모차는 보험이 필요 없다

감정손해보험

노후에 맞닥뜨리게 될 외로움을 견디기 위해서,
노후가 아니더라도 어느 날 사고처럼 다가올 쓸쓸함을 견디기 위해서

감정손해보험회사와 계약을 맺고 한 달에 한 번씩, 또는 그 이상의 기회를 만들어 보험료를 지불한다

성실한 납부자, 그러나 가난한 납부자
돈이 많다면 감정보험의 필요성을 느끼지 않을지 모른다 그러나 가진 게 없으니 실비 보상 정도의 감정보험이라도 들어놔야 안심이 된다

혼자라는 것, 친구가 없다는 것
이대로 흘러가면 어느 순간 감정의 대형 사고에 직면하게 될지 몰라,
그 내상의 두려움을 아는 자로서 이대로만 있을 수는 없는 노릇

오늘의 외로움과 내일의 쓸쓸함이 그때마다 보험료를 인출할 것이다

감정보험에 일찍 가입해서 다행이다

오늘의 감정을 견디기가 쉬워졌다

인간식물

식물은 스스로 살아가는 존재
그러나 화분에 심기는 순간
보살핌을 받는 대상으로 바뀌는 그들은
식물사회에선 고통 그 자체
심장에 푸른 멍이 든다
인간을 닮은 식물이 나타난 것은
꽃과 나무를 탐한 인간 때문
태어날 때부터 죽을 때까지
주인을 위해 웃어야 하는 얼굴들이
생명의 집 비닐하우스에서 사시사철 탄생하고
전지전능한 생명공학 연구소에서는
최첨단 플라스틱 신소재를 사용해
먹지 않아도 되는 꿈의 식물
조화 로봇의 대량 생산에 성공하자
꿈을 완전히 잃어버린 식물계는
영토와 주권을 저당 잡힌 인질들을 남겨두고
철수할 수밖에 없었다
낙원을 되찾기 위해 싸워야 마땅하나

인간의 종(種)으로 전락해버린 자들을
구원할 방법이 전혀 없어
인간계를 향한 가공할 만한 역습이 시작된다는
계시록의 성취를 바라며
붉은 눈물을 하늘로 흘린다

리프팅

탄력이 있고 라인이 또렷한 원판을
양쪽에 끼우고 들어 올리는 노화
선이 흐트러지고 조직이 허물어지는 무게다
발, 넓적다리, 가슴, 머리로 튕기는 저글링
반경화 겹칠의 동안을 유지하기 위해
성별, 체급별로 도료를 윗칠에 박리한다
피부가 탄탄하고 볼륨이 개선된 들어올리기는
탄력을 잃어 처지는 돌을 스틱 위에 얹고
공중에서 컨트롤 기술을 향상시킨다
처진 근육을 당기는 분사 주름 초음파를 이용해
무거운 돌을 던지며 수축하는 모공
콤플렉스를 해결하는 도구는
고주파를 이용한 리프팅 레이저
보톡스나 필러가 자리를 잡아
체조 시술로는 만족할 수 없는 덤벨 지도서를 만든다
올림픽에서 주름을 개선하는 불꽃이 떨어지면
피부 구조를 잠재적 노화 요인까지 케어한다
독립된 체급으로 인정받아 연소하는

화염의 열전달로 온도 상승이 이루어져
만족도 높은 리프팅을 성공한다
실리프팅과 초음파리프팅의 속도가
내려가는 연료와 공기를 혼합한다
낙하를 방지하는 안전장치가 설치되지만
처짐과 뭉침, 굴곡과 주름의 맞춤 처방으로
흡착하던 짐이 낙하하는 재해를 방지한다
복합적인 세포 노화를 개선해
크레인 안전규칙에 적용한 리프팅 자석
매달렸다 떨어지는 것이 금지된다

몬스테라 몬스터

미국과 독일의 제작사가 생산한 몬스테라는 멕시코 남부에서 파나마에 이르는 저지대가 원산지, 재미있는 식물을 개발하는 포켓몬스터는 관상용 식물로 먹는 열매를 생산한다 부모의 학대로 창녀가 되는 불우한 성장기, 온대 지역과 다른 단순한 게임, 창녀 생활을 알게 된 동생에게 쫓겨나 남은 돈을 쓰기 위해 들어간 아열대 지역에서 작은 몬스터를 재배해 포켓몬 도감을 완성한다 추위에 약해 온실이 아니면 재배가 어려운데도 단순한 식물 몬스테라에 빠져들어 유일하게 기댈 수 있는 연인 사이로 발전한다 종자번식보다 줄기의 영양번식을 위해 돈이 필요할 때 가학적인 괴물을 총으로 쏴 죽인 후 적도 지역에서 도피 생활을 한다 매력적인 포켓몬에 자기 이름을 새겨넣고 애호가의 온실에서 재배하며 식용한다 손으로 껍질을 쉽게 벗기는 안쪽에 먹을 수 있는 하얀 과육이 빽빽하다 과육층을 벗겨야 나오는 미성숙 열매는 설사와 심한 가스를 유발해서 성숙한 포켓몬스터만 식용한다 기획 단계에선 캡슐몬스터였으나 예민한 사람은 알레르기를 일으켜서 소량을 시식해보고 먹는다 가상의 생물들을 통칭하는 애니메이션이나 만화책 관련 상품들은 게임에서 파생된 부산물, 누추한 창녀의 모습을 뛰어나게 연기하여 아카데미상 여우주연상을 수상한다

치킨게임

달걀과 닭고기를 얻으려고 닭을 기르는 게임은 양보를 기다리며 위험을 무릅쓴다 닭 두 마리가 마주보며 돌진하다가 충돌 직전 방향을 틀어버린 겁쟁이를 기름에 튀겨 만든 프라이드치킨에 옷을 입혀 불금을 불태운다 미국 애송이들에게 사랑받는 농장에서 일하던 아프리카계 미국인들이 돼지나 소보다 구하기 쉬운 닭을 판 돈으로 제임스 딘 주연의 〈이유 없는 반항〉에 투자했다 닭대가리를 경멸하는 뇌가 작아 도망갈 줄도 모르는 치킨의 연기는 인간의 사육에 결정적 연출을 했다 느끼한 기름이 요리에 사용되면서 튀긴 음식이 급속도로 발전한 미국은 면적이 작아졌다 적은 자본으로 충돌하는 미소 사이의 군비경쟁에서 닭가슴을 가진 사람들의 골수가 빨려 나갔다 갈 때까지 가다가 파국으로 끝나는 가축들은 짧은 기간의 사육으로도 게임의 달인이 된다 살아남으려면 두려움에 익숙해져야 하는데 조류독감 예방 접종이 저렴해 야생을 떠나 인간과 어울리는 과정에서 공포 자극에 적응하는 패패주의가 발생했다 프라이드와 양념 반반세트로 묶어 판매하는 시장경제를 위해 치킨의 느끼한 맛을 맥주의 탄산이 잡아주는 치맥은 소인배들의 게임 중독이다 짜릿하게 식도와 혀를 자극하는 불신이 조간신문 단독 기사를 쓴다

트래쉬 토크

감정을 투사하기 위해 투명도를 조롱한다
자기 암시나 혼잣말로 떠드는 기자들과
전문가 패널의 토크가 저널리즘의 문제를 고발한다
투명도를 높이려고 비팅을 하거나 특수 수지를 함침시킨다
반복만 해도 상당한 짜증을 느낀다
화학 펄프 혼합물로 제조하는 잉크의 수용성이다

지네딘 지단의 박치기 사건처럼
데뷔 첫 홈런을 친 타자의 빠던처럼
극단적인 트래쉬 토크가 벤치 클리어링을 일으킨다
제도에서 원도를 투사하는 청사진 원고 제작은
공중파 미디어 비평의 오랜 관행이다
조선일보를 비롯한 종편의 보도는
선수들끼리 얼굴을 마주치는 프로의 세계에서
트래쉬 토크로 표백화학펄프에 아교질 물을 넣어
장망초지기로 초지한다

대통령도 가차 없이 비난하는 정당과 방송과 신문도
학창 시절 농구를 하거나 당구를 칠 때 혹은
군대스리가에서 온갖 트래쉬 토크를 작렬했다
특수 슈퍼캘린더로 투명하게 머물다가
무광택 대통령을 찬양하는 애국 언론으로 교화했다
트래쉬 토킹은 미국 문화의 일부
끝없이 떠들어대는 테레빈유 식물유가 상비약이다

칭량 시스템으로 수다를 떠는 미세먼지는
마땅히 교정의 책임을 물어야 하지만
사회주의 큰형님 국가인 중화인민공화국을 비판한
반동 언론의 맹렬함은 참기 힘들다
마이클 조던과 찰스 바클리가 정상회담을 먹으며
서로 씹었던 트래쉬 토킹은 미국식 이빨 털기
기계 설계도를 그려서 청사진의 마감 원고로 사용하는
노이즈 언론을 계도하는 모범이 되었다

피처링

노래나 연주를 도와주는 링은
곡예사들이 지환을 쓰기 시작한 이집트에서
부드러운 돌과 자수정으로 만들었다
타자에게 공을 던지는 뮤지션이
링의 효시로 탄생시킨 인장반지
수비팀에서 투수의 공을 받는 캐처가
가수와 주자를 참여시켜 녹음한다
보석의 절정기에는 반지가 유행하나
투수 역할은 경기의 승패를 세공한다
다양한 음악을 시도하기 위하여
아테네올림픽 정식종목으로
변화구의 속도를 결정했다
앨범에 부분적으로 참여하는 형식은
컬래버레이션 앨범과 성격이 다르다
헛스윙이나 땅볼 등을 유도하는 뮤지션은
국제경기에서 사용하는 공인 규격
헐거운 랩과 댄스 음악에서
왼손 가운뎃손가락에 반지를 끼는 풍습대로

투수 리듬으로 구성되는 메시지가 중심
패배한 팀에서 책임지는 발라드를 부른다
마지막 무대에 구원투수로 나왔다가
인기가 역주행하면
마운드에 있던 무명가수가 행진을 한다

주의력결핍 과잉행동장애

매스게임은 주의력과 집중력이 약하고
가만히 있지 않으며 충동적인 행동을 보인다
보편적인 예술형식의 민속춤일수록 군무의 전통이 강해
주제를 선정하여 입장하고 정렬하는 아동의 집단적 노동이 발달한다
연기와 퇴장의 가정에서 증상이 특별해지는
집체 군무의 다양한 색채와 대형의 변화는
적절한 치료 시기를 놓쳐 학습 대인 관계에 지장을 준다
음악과 율동이 어우러져 힘의 긴장과 이완을 포함하는 개인무는
군무와의 효율적 결합에 의해 상호 관계를 갖는다
카드섹션을 하는 한 반에 한두 명은
전체의 조화로운 율동에 현실의 감정을 반영한다
근대 체조의 시조라고 불리는 독일 혁명에 가담한 유치원처럼
사회생활이 본격적으로 전개된 줄거리를 감시하는
경찰의 통제를 받으면서 민족의 응집력을 강화시킨다
남다른 행동이 비정상인지 판단하기 어려워

독립된 작품으로 집단적 상황을 표현한다
관중을 염두에 둔 체조가 교실을 돌아다니고
차례를 기다리지 못하고 말하는 사이 불쑥 끼어드는
자유주의 정치 활동이 집중력을 상실한다
물건을 자주 잃어버리고 준비물도 잘 챙기지 못해
국민 생활에 적응하지 못하는 ADHD
다리를 떨고 몸을 뒤틀고 끊임없이 수다를 떠는 역사적 상황 아래
외세의 압박을 물리치는 국가 발전 수업은 지옥을 바꾼다
강한 체력으로 의자에 기어오르거나 책상을 두드리고
심지어 자리에서 일어나 교실을 돌아다닌다
기다리는 능력이 없어 대면 접촉을 하지 않으면
동종 생물 개체의 율동을 강조하는 관종이 되어
통일성을 보여주는 형식을 이탈한다
자신의 행동이 왜 잘못된 것인지 깨닫지 못해
유전적인 최소교배단위가 전체를 조화시키는
매스 마니아가 위험을 지배한다

항중력근

만유인력과 자전에 원심력을 합한
항공회사 광고에 맞춘 척주세움근은
중력에 대항하는 근육의 기본
아래로 떨어지는 것에 맞서 위로 솟구치는 힘이 없다면
신체 움직임으로 비행 예산을 결정하고
우주인처럼 공중에 떠다니며 생활하다가
궤도를 도는 일 없이 표면으로 돌아온다
항공사의 광고 매출액 비율은
끌어내리는 것에 맞서 위로 뛰쳐나가려는
바닥의 마찰력과 비교할 수 없어
항상 끈질긴 무언가를 붙잡고 계산한다
밖에서 가하는 힘에 굴복하는 기계는
당기는 자세에 관여하는 엉덩허리근을 키우고
항대사물질은 행성 주위를 이탈한 궤도를 수정한다
인간의 힘줄은 경쟁을 분석하여 광고를 검토하는 힘
코어근육이 발달한 승무원은 중력의 영향을 받지 않아
우주에서 복용할 근력의 처방을 뒤집는다
옳지 않은 것에 반항하는 인간의 정신은

중력 없는 복종의 크기를 측정하지 못해
물체의 질량에 저항하는 행성을 탐사하다가
높은 고도에서 엔진을 끄고 떨어지는
항생 적응 훈련을 한다
중력에 대항하는 직립보행은
행성 간 탈출을 위한 성간 우주선에서
선천적인 항중력근을 분리하면
건강한 행복을 추구하는 항대사물질에
그물망 연골을 이식한 대기권에서
항쟁은 자세유지근으로 변형된다
훈련하지 않아도 연마되는 직립은
중력에 항거하는 인간의 유일한 힘
죽음은 직립의 무너짐이다

토킹 스틱

땅 위의 줄기가 말라 죽지 않는
다리가 되어 발언권을 얻으면
척추동물은 영원히 사는 식물을 이용한다
말하는 도중에 끼어드는 조류는
뿌리에서 빨아올린 양분을 보내어
집단에서 방해하지 못하는 규칙을 정한다
온몸이 깃털로 덮여 풀과 맞서는 지위는
앞다리가 날개로 변화된다
지팡이나 막대는 듣는 도구
자기를 꾸미는 용도로 쓰인다
의견을 충분히 말하고 스틱을 넘기기 때문에
물을 빨아올려 옹이를 남기지 않고
하늘을 날아다니는 문장을 읽는다
깃을 부채처럼 펴고 줄기를 떠받치는
댄디즘에는 단단한 부리가 있어
속이 비어 있고 가슴이 발달했다
잎에서 만든 기회를 뿌리로 보내고
신분을 세탁할 수 있는 평범한 장교는

체벌을 할 수 있는 단장을 지닌다
가벼운 몸으로 공중을 날기 위해
지휘자가 사용하는 지휘봉에 싹이 나면
햇볕을 받아 깃털을 장식한다
권위를 상징하는 나무를 만드는
아메리카 원주민 이로쿼이족은
잘 훈련된 새들을 날려보낸다

리플리증후군

현실을 부정하는 허구를 진실이라고 믿고
거짓말을 반복하는 인터넷에 짤막하게 올리는 사회적 쟁점
댓글이 홍수를 이루어 여론이 실시간 프로토콜로
대량 결제를 빠르게 처리한다
재능 있는 리플리 씨* 뒤에 숨어 욕설을 하거나
허위 사실을 전파하는 내부 화폐로 리플코인을 사용한다
현실과 욕망의 차이를 거짓말로 극복하면서
사실로 믿어버리는 발언권이 광장에 영향을 미치고
온라인을 사실이라고 믿는 의제 설정을 독점한 은행이 개입하지 않아도
블록체인 기술을 기반으로 악플러를 통한 거래가 가능하다
신분을 사칭하고 거짓말에 위안을 느끼는 트롤은
북유럽 신화에 등장하는 괴물이 진행한다
야망이 높고 머리도 좋지만 도덕 관념은 부족한 인생
무료 오픈 소스는

종말을 맞는 정보통신망에 관한 법률에 의해
네트워크를 공격하는 시도가 있으면
감정적인 원장을 대량으로 만들어 스팸을 생성한다
성취욕구가 강한 무능력한 개인이 강렬하게 원하는 현실에서
옐로 저널리즘의 선정적 보도가 마녀사냥을 유도하는
피해의식과 열등감에 시달리다가
상습적이고 반복적인 거짓말을 진실로 믿고 행동하는
원시적 본능을 자극하는 암호화폐와 달리
현실을 부정하면서 욕망을 실현하는 가상의 세계는
타인을 동경해서 과도하게 집착하는 리플페이를 개발
충동적인 감정조절장애가 수반되는 악플 거래가 가능해졌으나
확장성에서 인지부조화 상태를 해결하는 방법으로
그럴듯하게 꾸며 말하는 죄의식 문제를 보완한다
타인의 관심을 받기 위한 목적이
리플랩스로 이름을 바꿨다가 리플로 다시 변경
허언증 환자는 거짓말 탐지기에도 잡히지 않아

크리스마스를 앞두고 소송을 당하면서 폭락했다

* 미국 소설가 패트리샤 하이스미스의 소설 『재능 있는 리플리 씨』.

3부

십리벚꽃 심리학

만개한 벚꽃나무 육체를 묘사하거나 조각하는 조형예술
새하얀 꽃송이들이 겹겹이 포개지고 얽혀 두덩을 이룬다
갓 탄생한 생명력과 감정을 표현하는 철학자들이 슬쩍 돌아보면
분홍빛 이데아에 꽃물이 든다
살비듬의 중요한 사유가 콧잔등에 내려앉아 숨결로 스며든다
자연과학의 빛과 그림자 누드를 경험적으로 접근한다

화개장터에서 쌍계사로 가는 예술의 영역
미적 대상의 육체는 전국에서 알아준다
반라나 전라에 물감을 칠하는 보디페인팅이
벚나무 심리학에서 엄격하게 접근하는 분홍의 빛에 베이고
누드의 전통을 확대한 보디빌더는 자기 몸을 화려하게 피운다
엄격한 정신분석학이 속살같이 희부연 예술로 규정한 누드댄스가

고개를 위로 쭉 뺀으며 걷는다

천(川) 이쪽과 저쪽은 구성주의 산자락
기능주의 강 언덕의 나체화다
알몸이 신행동주의 학파로 환장하게 일어나 나부를 피운다
봄날의 신체적 감정이나 육체의 볼륨과 미묘한 색조는
에로틱한 바람에 날리는 분홍 심리학 분야
꽃가지를 흔들고 흙바람이 일어
가슴의 큰 슬픔도 이론 분야로 성행하는 조각을 유행시킨다

꽃잎처럼 바람에 묻히는 나체의 응용 분야가
마지막 생의 앞섶을 풀어 제친 르누아르가 풍만한 누드를 그릴 때
팔레트에서 시드는 벚꽃이 하얀 물감을 짜낸다
잊혀진 슬픔이 조직심리학에 한정되어 춤추는 뺨을 때린다

소리 없는 일렁임에 맞춰 허공에서 길가로 내려앉는 눈물들

목욕을 마친 부드럽고 따스한 쿠션 위에 누워 화보를 찍는다

가면무도회

소리를 모아 전기 신호로 바꾸고
방해를 받지 않기 위해 바람을 세팅한다
찬 공기를 들이마신 비강과 구강의 저항력이 약해져
노래방이나 무대의 다이내믹 바이러스가
코와 입을 통해 비산하거나 침입한다

펜싱과 야구에서 얼굴을 보호하는 가면 문화는 서아프리카 파가 족의 거대한 님바 마스크나 자바섬의 가면극에 쓰이는 우아한 토펭 마스크처럼 눈물이 없다 고대 로마에서는 가장이 사망했을 때 밀랍 마스크를 만들어 소리를 흡수하는 진동판 구분했다 수음 범위가 고른 일반 소리를 집음하는 장례에서 문중의 특별한 묘에는 초지향성 얼굴을 안치했다 원시 사회의 주술 목적인 안면 재건술은 신과의 교감을 위한 성형의 현대적 기법으로 제1차 세계대전을 기획한 외과 의사들이 개발했다

얼굴 반을 가린 하프 마스크는
건강한 노출을 가리는 미용 축제의 기원

분진이 많은 작업장의 진폐증을 예방하기 위해
함몰된 곳을 채우거나 외모를 개선하고
탄력 있는 고무링으로 충격을 흡수한다

신데렐라는

옛날 옛날 한 옛날 서울 한복판에 밤에만 출몰하는 무서운 괴물이 살았대요
밤 열두 시는 괴물이 나타나는 시간,
정부는 시민의 안전을 위해 통행을 금지시켰대요

밤 열두 시, 종을 치기 전에
어서 집으로 돌아가야 해요

일찍 귀가하는 선량한 시민들은 무서운 괴물을 본 적이 없어서 통행금지를 해제시켜 달라고 가두행진을 했대요
그 후로 괴물은 소문도 없이 사라져 버렸대요
사실 괴물은 겁이 많아서 밤에만 움직였는데 이제는 사람들이 자기 때문에 몰려다니는 줄 알고 너무 무서웠나 봐요

밤 열두 시, 사람들이 깨어나기 전에
어서 여기를 떠나야 해요

그런데 이상한 일이 벌어졌대요

통행금지가 풀린 후부터 한강에 괴생물체가 출현한다는 이야기가 들렸대요

괴물이 한강으로 숨어들었나 봐요

그 괴물은 점점 포악해졌다는데 왜 그런지는 아무도 모른대요

밤 열두 시, 텔레비전을 켜야 해요

마감뉴스가 끝나기 전에

지지직 용감한 시민 신데렐라의 이야깁니다

괴물의 실체를 밝히기 지직 위해 싸운 이야기가 지금 장안의 화제가 되고 있습니다 지지 그러나 직 신 씨는 새로운 논란거리에 지직 휩싸였습니다 지직 검열을 지직 받고 잘려 나간 지지 필름에서 밤 열두 시 지직 통행금지를 해제한 것이 화근이라고 주장했습니다 지지지직

슬프지도 않은 노래의 후렴에

자신을 잊기 위해
굼벵이처럼 기어온 길을 되돌아가
유리를 깨고 초침까지 꺼내
낯선 기억을 정지시키는

얼굴 없는 형체가 힘없이
악수도 할 줄 모르는 손에 붙잡혀
속절없이 끌려가는

속이 시커멓게 타들어 간다고
울며울며 애원하던 날들
시장 바닥에 깔린 좌판대에서
싸구려 빗처럼 휘어지고

마지막 버스에서
뜬 눈으로 새우잠을 자며
깃털이 뽑힌 새들의 날개를 매단다

지붕 위로 불어대는 이빨 없는 바람의
시린 손

잊으면 잊혀진다
미끄러지듯 흘러가는 상처의 파장이
어제를 용서하기 위해 멈춰 줄지 모른다

무심하게 굴러가다
애매한 경계에 서서 응시하는 눈동자들
감은 눈동자들

네일아트

한 달에 한 번씩 손톱을 다듬는 그녀, 어디를 가리키고 있는 것인지 모습은 보이지 않고 손톱 하나만 빛난다

자라는 것도 천천히 깎는 것도 천천히

가리키는 것에서 시선을 떼고 싶지 않아 광속으로 달리는 손가락 뒤에 후광이 드린다

가끔씩 덮어보는 물방울무늬 손수건
손가락을 가린 채 무얼 하는지 알 수 없지만 다음날이면 여전히 무언가를 가리키는 하얀 손톱

저녁에 문을 열어 심야 영업하는 샵에서 모델에게 까만 가운을 입히고 손톱 가꾸는 시범을 보이는 중인지도 모른다
쳐다볼수록 오묘한 손톱 하나만 자랐다 깎였다……

떨어져 나간 조각들은 별이 되는 것일까

밤하늘 어디에도 먼지 하나 보이지 않는다

오래전 그 손가락이 쏜 화살에 심장을 맞은 사내, 빛나는 손톱을 향해 날아갈 수밖에 없었던 그의 무용담은 점점 빛이 바래는데

손가락에 반지라도 끼어주고 왔을까 손가락을 걸고 약속이라도 했을까
내민 손바닥에 쥐어준 고운 별 몇 개 지금껏 잘 자라고 있을까

저녁에 출근해서 아침에 퇴근하는 그녀, 길렀다 깎았다 하면서 손톱 하나만 손질하는데도 천 년이 걸린다
나머지 손톱을 다 꾸미려면 억만 년도 더 기다려야 한다

그것을 바라보는 뭇 사내들의 애간장이 녹든 말든

시연을 하고 또 하는 것인지 마음에 안 들어 고치고

또 고치는 것인지, 밤마다 칠하는 백색의 매니큐어,

냄새에 향기를 입히는 작업이 한창이다

녹턴

하루 분량의 회색 가루가 수명을 다할 즈음
채도 낮은 음표의 물결이 어지럽게

떨어져 나간 손가락만 제멋대로 뛰어다니는 들판
사방에서 심장 두근거리는 건반이 물렁한 뼈들만 골라 잡아먹고
흰 이빨을 드러내며 다소곳하게 웃는

비밀의 정원엔 잠금 장치가 없네
불안한 눈동자들이 아무도 몰래 내일의 기억을 스캔하는
무표정한 얼굴에 먼지처럼 쌓여가는
터질 듯 터질 듯
그러나 단 한 번도 터지지 않는

사과 맛을 몰라도 아라베스크
주식을 보장받지 못해도 와인 한 잔

성대를 거세한 자들이 정장을 입고 삼삼오오
입김을 불며 손을 녹이는 광장이 보이지 않는다는 루머
불빛은 희미하게 흔들리고 있는데

시작도 끝도 알 수 없는 연주는 성사되지 않아
설익은 밤의 눈물을 연두로 염색하며
뜬눈으로 맞이한 끝에 겨우 받아 든 봉인된 편지
몇 통이 한꺼번에 배달되고
거리에는 집 없는 자들이 가둬놓은 미열이
체면을 위해 신문지를 뒤집어쓴 채 콧노래를 흥얼흥얼

생색낼 수 없는 최후의 날
검은 뚜껑 열리고 열두 명의 크고 작은 홈리스들이
두세 명씩 무리를 지어
계단 속으로 조심조심 손을 짚어가며 발을 디디면

한 계단 올라가면 다시 낮아지고
한 계단 내려가면 다시 높아지는

가도 가도 죽음의 해답을 찾을 수 없는 사막에
갓난소리를 버리고 도망가는 유랑민을 풀어
미완성 스코어를 채보하는 것만이
혼돈의 시대에 끝까지 살아남는 방법

눈이 머는 것만으로는 양이 차지 않아
거짓말하면 귀가 자라는

귀를 수감하네
면회를 허락하지 않는 녹슨 감옥

윌리엄스증후군*

한 번 잡혀가면 누구도 탈출할 수 없는 소리의 감옥, 억울한 누명을 뒤집어쓰고 갇혀 있는 아이들의 몸

다행스럽게도 2만 명에 1명꼴로 탈옥을 하는 용감한 아이

다 가둬도 소리를 가두지 못해요 소리가 없으면 탈옥을 꿈꿀 수 없어요 소리가 없는 아이들은 학대받고 있어요

천 겹 만 겹의 울타리를 뚫고 나오기가 얼마나 힘이 들었는지,

어깨를 흔들며 울먹이는 요정의 뇌에서

신비로운 빛을 뿜어내는 음표들이 은하수처럼 쏟아져 나오고

* 1961년 뉴질랜드의 심장전문의인 윌리엄스가 발견한 유전질환.

페이스오프

배고픈 대머리독수리가 내려온다 또 머리를 교환하려고 한다 사방을 두리번거린다 한 발짝 두 발짝 걸음을 뗀다 가까이 그러나 천천히 다가온다 웃는 얼굴을 고른다 눈과 입과 귀를 뒤진다 숨겨둔 빛과 말과 소리를 찾아낸다 날카로운 부리로 쪼아 먹는다

즐거이 독수리 내장 속에 들어간다 하늘을 마음껏 날아다닌다 비로소 자유를 누린다 나를 내려다본다 누구냐고 쏘아본다 귀가 닫힌다 아무 말도 못한다 눈꼬리가 처진다 얼굴 전체가 일그러진다 조금 전 뜯어먹은 가죽이다 퉤 침을 뱉고 간다

심장까지 바꿔야 죽지 않는다
얼굴을 바꿔야 산다

새장에 갇힌 혀

제발 이런 말은 하지 마세요
새장에 갇힌 후 잃어버린 말을 다시 찾기 위해
뱉은 말을 밥 먹듯 주워 담았어요

들리지도 않는 귀와 움직이지도 않는 혀로
인간의 말을 따라 했어요

몇 마디 말이라도 할 수 있기까지
얼마나 훈련을 했는지

그래도 괜찮아요
되지도 않는 말만 하다
긴 부리가 꼬부라진 것도 제 탓이에요

알아듣지도 못하는 말을
수백 수천 번 흉내를 내고서야
낯선 단어 몇 개의 조합을
겨우 표현할 수 있었어요

사람들의 호기심을 먹는 재미
고민만 생겼어요
아는 말만 반복하며 편하게 살 것이냐
새로운 말을 배울 것이냐

제발 그런 말은 마세요
새장 속에서는 아무 말도 들리지 않아요

그리운 수용소

입만 벌리면 스멀스멀 기어들어 오는 공포가 온몸에 난 구멍을 막아버리던 시절, 외로움을 견디다 못해 심장이 터질 것 같은 날 아무도 모르게 대문 밖을 나섰다 그리움을 빼앗기고 거쳐 왔던 모든 길까지 사로잡혀 호흡만 겨우 유지할 수 있는 수용소, 그 편안한 감옥을 향해 한 걸음 또 한 걸음

스치기만 해도 울음을 반납해야 하는 섬뜩한 철조망이 날 선 햇살 아래 눈부시다 바람 부는 날이면 너울너울 날아와 심장을 찌르는 가시들, 그 끝에서 졸음을 말리며 목숨을 구걸하는 흰나비들, 펄럭이지 않는 날개에서 흰 가루가 떨어지기 시작하자 미라가 되어도 좋은 그림자들이 떠나가고

철망에 묶여 피 흘리는 것들의 실체를 파악하기 위해 사진을 인화했으나 죽은 나비들의 몸통만 보였다 어디론가 통째로 사라져 버린 날개들의 신음이 완전히 잦아들 때쯤, 사실을 알릴 수 없어 신문은 소각되고 방송국조차

폐쇄되었다 기억 속에서 잊혀진 지 오래된 전단지를 돌리는 거리

이유 없는 외로움에 몸을 떨 때마다 집으로 돌아와 핏줄 구석구석 매서운 칼바람을 순식간에 털어버리고 다급히 방문을 걸어 잠그는 순간, 얼마 남지 않은 혈액의 농도를 확인한다 언젠가 내 어깻죽지에 시퍼렇게 돋아날 날개의 유전자가 안전하게 숨어 있는지, 파일을 삭제당해도 다시 그리움을 생성해 낼 수 있는지

정조준

전깃줄에 걸려 있는 비닐 조각들, 지난밤 어느 비닐하우스의 살점이 벗겨진 것일까

앙상한 갈비뼈만 남겨놓은 채 껍데기를 훑어갔을 태풍,

전선에 걸려 나풀거리는 비닐에서 갓난아이의 울음소리가 들리고 울음을 막으려는 에미의 다급한 소리도 들린다

내려올 수 없는 곳에 걸린 탓에 무서워서 저리 울고 있는 것인가
전쟁을 끝내고 퇴로를 열어 질주하는 속도를 따라가지 못해 부러진 다리를 주무르며 기다리고 있는 것인가

하필 저 허공의 전선에 발이 묶여
너는 옷조차 입지 못한 그 초라한 몰골로 흔들리고 우리는 처참한 기억을 되살리며 떨어야 하는가

아내와 자식들이 보는 앞에서
외로운 기둥에 묶여 세월을 정조준 당한 아버지에 대한 기억은 바람이 조금만 불어도 집터를 흔들어버리곤 하는데

지난밤의 모든 기억을 뿌리치고 다른 사람들의 시선 앞에서 더 이상 추락하지 말자

우리는 집으로 돌아와 얼굴을 씻어야 하고
다시 태풍이 밀고 내려와 잠든 너를 깨워 데려갈 때까지,

그 외로운 전선 위에 묶인 역사는
굴욕의 눈물을 증발시켜야 하니까

우산
—샤갈의 쥬라기 마을엔 비가 내리고

비만 오면 출몰하는 소심한 익룡들, 사람 하나씩 낚아채고 거리를 활보한다
호모에렉투스보다 수십 배 무거워진 탓에
무딘 발톱으로 하나만 찍어도 날아오를 수가 없어 땅바닥에 질질 끌고 다녀야 한다

바람을 타고 날아오르기 위해 애를 쓰다가
발라당 드러누워 아랫도리를 보여주는 놈, 부러진 갈빗대가 살을 뚫고 나온 놈, 너덜거리는 날개마저 다쳐버려 다 잡은 먹이를 포기하고 길거리에 주저앉아 숨을 고르는 놈

지루한 장마가 시작되면
집집마다 대기하고 있다가 어른 아이 가릴 것 없이 집을 나가는 족족 손모가지를 물고 빗속으로 날아간다
폭우 속에서도 젖지 않는 날개는 언제나 탱탱하다
학교나 마트나 직장에서 쉬고 있을 때 접은 날개에서 쉴 새 없이 흘러내리는 땀방울

언제부터 사람에게 길들여졌을까

사람의 집에서 날개를 접고 쉬는가 하면 뜨거운 햇볕에 젖은 날개를 펴서 말리기도 한다

뒤늦게 발견된 상처, 제대로 먹지 못해 골다공증에 걸렸는지 뼈가 부러져 버려지는 것들이 많다

쓰레기봉투 속에서 숨을 거두기도 하지만 거리에서 눈을 감기도 한다

죽음보다 출산에만 관심을 가지는 거대 조류의 세계

분만소는 오늘도 분주하게 돌아가고 분양하는 곳도 거리마다 있어 교문 앞 병아리 사고팔 듯 그렇게 거래된다

비는 익룡을 부르는 하늘의 신호

백악기의 눈물을 보고 꼬리 치는 소심한 우산 한 마리, 날개 깊숙한 곳에 발톱이 자란다

백악기 공룡이 빙하기에도 살아남는 법

의자가 되는 거였다 앉은 자세로 뼈만 남겨 의자를 만드는 거였다

늑골 사이로 바람이 숭숭 불어오는 의자, 철골구조 같은 뼈만 남기고 자잘한 뼈들은 다 해체시킨다 훈훈한 바람이 불어오는 날 뼈가 뼈를 불러 어깨동무하기까지, 인간이 보아도 아무런 적의를 느끼지 못하도록

거리나 공원을 보면 안다 공룡이 얼마나 많았는지, 일인용 의자부터 노숙자 한 사람의 잠을 받아낼 수 있는 의자까지 주변에서 많이 볼 수 있다 공룡의 집단 서식처에 인간의 도시를 건설했다

빙하가 녹기 시작했다는 뉴스가 바람에 섞일 무렵 초대형 놀이공원이 건설되었다 공룡들이 자구책으로 만든 거였다 빙하가 녹아내리기 시작하면서 계획대로 살이 붙는 것까지는 좋았는데, 딱딱한 껍데기를 몇 겹으로 두르고 단단한 뿔들만 계속해서 밀어내는 잡식성 도시 공룡

의 출현을 예측하지 못한 것은 뼈아픈 실수였다

꼬리를 살짝 움직였다가는 거대한 도시 공룡이 한입에 집어삼킬 것만 같아 다들 겁에 질려 눈치만 보고 있다, 할 수 없이

수십 개의 갈비뼈로 만든 의자 위에 인간들을 태우고 이리 돌리고 저리 돌린다 인간들이 자지러지게 비명을 질러대는 사이 이상한 굉음이 들렸다

인간이 앉을 때 완전한 형체를 가지는 의자
울음처럼

지도를 완성하는 날

바람이 불면
날카로운 부리를 이리저리 움직이며
무심히 지나가는 바람의 안쪽에
등고선을 그리는 풍향계
날지 않을 때도 잠잘 때도
바람이 불었던 쪽에 부리를 두는
그려야 할 지형이 너무 많은
아무도 살지 않는 허공에서
바람의 결을 읽으며 살아온 날들
하늘만 바라보며
한 자리를 굳게 지켰던 생애가
밤마다 펼쳐보는 거대한 지도 한 장
밤하늘에 찍어둔 별빛은
그가 발견한 크고 작은 도시였다
잠시도 쉴 수 없는 공중에서
침묵으로 읽는 하늘의 예언과
이슬만 먹고 살아야 하는 땅의 계율은
앞만 보며 날아가는 새들의 숙명

온몸이 익을 듯 내리쬐는
태양을 피하지 않는다
추운 밤 홀로 서리를 맞으면서도
고개 한번 돌리는 법 없이
바람 속 등고선을 찾아 부지런히 날아다니다
감람나무 잎사귀 한 잎 물고 온 선지자
지도를 완성할 날 멀지 않았다
기도를 듣고 있는 달빛
날개에 돋아나는 광채
새로운 별 하나 표시한 밤이 깊다

바람을 먹고 사는 짐승

무형의 기체를 마시면 커졌다, 작아졌다

몸집을 줄이거나 부풀릴 수 있는 것들의 생물학에서
바람을 먹고 산다는 종의 가설

바람을 맞았다, 바람을 피운다
관습으로 정착된 말들을 영역표시에 관한 연구 결과로 내놓은 건
아무래도 바람을 주식으로 삼는 동물에게는 무례한 일이다

가지 많은 나무 바람 잘 날 없다는 말이 어울리지 않는가
바람을 팔아 먹고사는 영장류는 가지 없는 나무로 집을 짓는다

뿌리 없이도 꽃을 피우는 한 가닥 가느다란 넝쿨 줄기 끝에

동그랗게 출생했다가 어느 순간 성장을 멈춘 바람의 몸뚱어리

키와 몸무게뿐만 아니라 마음과 정신까지도 평생 자라지 않는 천형을 받았을 것이다

주인의 입에만 순응하며 사는 저 가여운 인생이
언제 터질지 모르는 불안에 흔들리고 있다

파괴가 자행되는 곳에 탈출이 있어도
투명인간은 털끝 하나 다치지 않고 탈옥 사실조차 모른다

신기에 가까운 유체이탈을 목격한 자 세상에 단 한 사람도 없다

먹히는 것 같으나 사실은 그렇게 피부를 이식받으며 살아남는

바람의 생존 비기

멸망의 날에도 바람은 최후까지 살아남을 것이다

4부

세탁기

축 늘어진 사람들이 재활 공장으로 들어갔다
물과 약으로 온몸을 씻으면서 서로 엉키고 부비기를
서너 차례

말끔한 차림이 되어 세상에 나왔으나

영혼이 보이지 않았다

냉장고

시한부 인생들을
저장하고 나면
하나둘 아일랜드[*]로 떠나간다

햇빛을 보는 순간
자신을 선택한 사람을 위해 바쳐지는 목숨들

영혼은 흡수당하고
육체만 배설된다

* 인간 복제를 다룬 영화.

나는 옷의 영혼

살이 처지고 늘어나는 것은
피부가 없는 탓
옷을 입어 피부를 이식한다
타이트한 옷 핏감이 좋은 옷
피부를 입은 몸이 편안하게 숨을 쉰다
피부 없는 몸이 있을 수 없듯
옷 없는 사람도 존재할 수 없어
평생 옷 입는 자로 살아가나
펑퍼짐한 옷이나 늘어진 옷은
쭈글쭈글한 살처럼 견디기 힘들어
몸과 옷 사이 비곗살 같은
그 비어 있는 공기층을 다이어트한다
옷은 나의 피부 나는 옷의 영혼
그러나 모든 옷이 선하지 않으므로
헐렁한 옷은 마음이 불편해지므로
나의 피부가 되어
옷과 내가 하나 되는
진실한 옷을 입는다

사막여우

날개로 사막을 읽다가 깃털을 다친 새들이 떠나버리면, 모래벌판은 귀로 읽어야 한다며 물끄러미 잔모래가 흘러내리는 언덕을 쳐다보는 사막여우

해가 뱉어내는 대낮의 뜨거운 고백과, 달과 별들이 쓰는 푸른 밤의 일기와, 바람이 다급하게 써놓고 간 편지까지,
커다란 귀를 쫑긋 세워 부지런히 탐독하지

사막의 출생 비밀을 귓속에 간직한 채 더위와 추위를 피해 힘겹게 살아가는 동안, 귓구멍에 차곡차곡 쌓이는 극한의 외로움

해마다 늘어나는 어린 먼지들의 때 묻지 않은 잠자리를 위해 귓속에 새끼를 낳아 모래와 달빛으로 지은 저녁밥을 먹이면,
어미의 가난한 굴속에서 얇은 귀가 두꺼워지는 피붙이들

귓밥처럼 가지고 놀던 모래 속에서 어둡기만 했던 고막이 환하게 밝아진 날, 모래시계의 폭풍 속에서 찾아낸 사막으로 떠나지

금

가위바위보를 하면 항상 바위만 냈어요 남들은 주먹질깨나 한다고 놀렸지만 나는 무서웠어요 손을 펴기만 하면 그것이 보였어요

어린 시절 땅따먹기할 때마다 그것을 바닥에 그어야 했어요 개들이 빈집을 향해 컹컹 짖을 때마다 그것이 벽을 타고 흘러내렸어요 인생이 무너지는 소리가 들릴 때마다 그것이 살짝살짝 보였어요

그것을 따라가지 않거나 넘어가는 대가는 끔찍했어요 그것을 방치하다가는 어떤 일을 당할지 몰라 두려웠어요 그것이 세상을 지배할 것만 같았어요

그것이 내 손바닥에 있어서 나는 악수를 거절할 수밖에 없었어요 떠나는 사람을 향해 손을 흔들어줄 수도 없었어요 손을 씻지도 않고 세수도 하지 않았어요

그것을 들키지 않으려고 두 손을 움켜쥐고 다녔어요

나를 본 사람들이 슬금슬금 뒷걸음질 친다는 것을 알았지만 어쩔 수 없었어요 바닥을 감추고 다니지 않으면 겁나서 살 수가 없어요

못

닳아서 없어지는 못이 될지언정 녹슬어서 못 쓰는 못은 되지 말라 했는데도, 나는 비뚤어지고 구부러져서 녹슨 못보다 더 나쁜 못이 되었다 누구는 구부러진 못을 다시 펴서 쓸 수 있다 했지만, 구부러진 곳을 반듯하게 펼 수 없을 정도로 꺾여 차라리 녹슨 못이 낫다고 하는 것이다

조금 녹슨 못은 쓰기에 문제가 없고, 많이 녹슬어 소나무 껍질처럼 녹이 붙어 있는 못은 녹슬기까지 그 세월을 잘 버텼다고 할 수 있어서, 그렇게 된 것을 못의 책임이라고 할 수 없어서, 이렇게 완전히 꺾이고 구부러진 곳이 만져지는 나는 그저 아프기만 하다

못 박을 때 그곳이 걸려 들어가지 않을까 봐 손 놓고 바라보기만 하는 나는, 굽어버린 채로 녹슬어가는 그야말로 아무짝에도 쓸모없다 녹슨 못이 만든 녹의 돌기를 만지다 내 가슴을 만져보고 싶은 생각이 들었으나, 심장이 녹슨 것을 확인하는 참담함을 어찌 견디는가

얼마 전부터는 눈물에 녹물이 살짝 비치는 것을 보고 흠칫 놀랐다 잠자고 일어난 아침에는 입에서 나는 녹내를 맡으며 서둘러 양치질을 했다 배변에 녹 찌꺼기가 섞여 나올까 싶어, 화장실 가기도 두렵다

닳아서 없어지는 못이 된다는 건 아예 불가능에 가까우니, 차라리 올곧게 서서 녹슨 못이라도 되면 좋겠다 탈취제를 써도 향수를 뿌려도 굽은 그곳에서 나오는 썩은 녹내가 사라지지 않는 저녁, 굽은 등을 펴는데 바스락, 부스러기가 떨어진다

어디선가 흐느끼는

오래전 선물 받은 조화 한 다발 저것도 꽃이어서 차마 버리지 못하고 마당가에 아무렇게나 꽂아두고 있었는데, 오가며 마주칠 때마다 눈에 채여 볼썽사납기만 했다 생화보다 오래 간다며 좋아할 때는 언제고 이제 싫증난다고 썩지도 않을 풍장을 시키냐며 허탈한 표정으로 웃고 있었다

텃밭의 지저분한 것들을 태우다가 야속한 마음으로 누워 있을 조화가 생각나 속 시원하게 화장시켜 주기로 했다 생의 마지막을 보내는 조화, 꽃불을 피우며 애절하게 타오른다 자기도 이렇게 멋진 꽃을 피울 수 있다고, 죽는 순간만큼은 생화보다 더 화려한 꽃을 피운다며, 핏발 선 눈으로 바라보고 있다

바로 그때, 초록의 플라스틱 살점들이 흐물흐물 녹아내리기 시작하더니 길고 가느다란 뼈들이 드러난다 옷깃을 여미는 엄숙하고도 경건한 시간, 철사를 가지런히 모아 박스에 납골했다 생화는 뼈가 없으나 조화에는 있는

것을 보니 필시 뼈대 있는 가문이 분명했을 터

쓰레기봉투 입고 소각되는 장례식도 없이 맨몸으로 버려지거나 방치되고 마는 그 하찮은 인조 목숨들, 마르지도 않는 몸뚱어리를 원망하며 구질구질 녹슨 눈물만 요실금처럼 흘리는 저녁, 꽃은 시들어서 아름답다는데 조화는 썩지도 않는다며 어디선가 숨죽여 흐느끼는 소리 들린다

풀의 지문

장마철에 더 무섭게 자라는 잡초들
모질게 뽑아버린 손바닥에
빗물을 인주 삼아 지문을 찍는다

이름 없는 것들의 푸른 핏물이
방향을 분간할 수 없는
낯선 지도 속으로 천천히 흘러가면

울며 떠났던 새들이 다시 돌아와
날개를 씻을 수 있을까

사지로 내몰린 목숨들은 언제나 아득한데
낮은 골짜기에 불어온 바람을 거역하지 못해
가여운 것들 함부로 없애버린 죄
결코 용서받지 못할 것이다

반항도 하지 않는 풀들의 머리채를
어지럽게 휘어잡았던 손바닥이 아리다

풀이 남긴 지문을 들키지 않으려고
주먹을 쥐고 사는데도
비가 오는 날이면 풀물이 흘러나온다

씻어도 지워지지 않는 풀의 지문
손바닥을 보이지 않는 날이 오래되었다

빈집

몸부림의 흉터를 알고 있는
지나간 날들

길을 찾지 못하던 만삭의 바람이
삐걱거리는 다리 난간에 기대어 서서
구겨진 흑백사진을 더듬으며
검은 울음을 흘리고 있는데,

차마 외면할 수가 없어
길이란 길은 모두 불러 모아 먼저 떠나보낸 후
바람의 그림자만을 붙잡고 살아왔다

기타줄 같은 힘줄로 겨우 지탱했던 시간의 뼈는
야위다 못해
백묵처럼 툭툭 부러지다가
소문도 없이 지상에서 사라져야 했다

그날, 어디선가 녹슨 종소리 들려오고

먼 하늘에서는
처음으로 막이 올라갔을 것이다

그 시절 불렀던 노래도
영원히 간직할 것 같았던 추억도

세월의 흉터 가득했던
정체불명의 문은 언제나 열려 있어
문패조차 사라진 지 오래,

눈먼 바람이 절뚝거리며
아픈 배를 움켜쥐고 들어갔다

줄이 가장 나중에 썩는 이유

생을 온전히 버리지 못한 자들은
끈을 달고
저수지에 몸을 던진다

그 끈을 잡고 건져 올리면
물에 흠씬 젖은 생이
가련하게 끌려나온다

저수지는 푸르렀으나
물이 말랐을 땐
아무것도 보이지 않았다

장례식도 없이
공동묘지에 던져져버린
쓸쓸한 목숨

태어나는 순간부터 죽는 순간까지
줄 하나는

든든히 잡고 있었을 것이다

꼬리를 자르다

나는 꼬리를 내리고 사는 것이 불편해 꼬리를 잘라버렸다 그런데도 가끔씩 꼬리가 다시 자라는 느낌이 날 때가 있어 그때마다 깜짝깜짝 놀라곤 한다 이럴 거라면 아예 꼬리뼈의 뿌리까지 파내버려야 하는 것이 아닐까 바닥에 눌려 있는 엉덩이가 들썩거리는 날이면 엉덩이에 힘을 주며 오래 앉았다 일어선다

흙의 리콜

흙으로 사람을 만들어 자연에서 일하게 합니다 탐욕과 파괴를 좋아해 성능을 발휘하지 못하면 사회에서 한 번 더 사용하면서 점검해 보세요 여전히 오작동을 반복하며 다툼과 충돌만 일으키고 불편한 정도를 넘어 그 폐해가 심각하다면 작업지시서대로 리콜을 결정하면 됩니다 흙으로 돌아온 사람을 면밀히 뜯어본 결과 회생 가능성 제로일 때는 돌려보내지 마십시오

리콜 후에는 흙의 공장에서 하나하나 분해하며 체크해야 합니다 이것은 재생이 가능해서 쓸모가 있는지 저것은 수명이 다 돼 불량품이라든지 각 부품을 판단하는 지침을 꼭 기억하세요 심장은 녹슬지 않았나 농도가 부족한 피나 오염된 피를 정품으로 갈아두었나 정밀하게 파악해야 합니다 작업이 완료되면 통과한 사람은 하늘로 올려보내고 미달한 사람은 지하로 내려보내 폐기하세요

그림자

인간이 그림자에게
2인자의 지위를 부여한 건
인간이 무지하거나
오만하다는 증거

밤을 무서워하는
인간의 지위는

그림자를 붙잡을 수 없어

2인자 없는 영역이
몹시 불안하다

| 해설 |

디스토피아의 사막에서 길어 올리는 칸타타

—이종섶 시의 의미

정훈(문학평론가)

이종섶 시집 『우리는 우리』에 실린 시편들을 넘기면 출구가 봉쇄된 거대한 감옥에 갇혀 하루하루 희망을 저당 잡힌 채로 살아가는 인간을 떠올리게 된다. 그 인간은 개개인일 수도 있고, 집단이나 공동체가 될 수도 있다. 좀 더 범위를 넓히면 지구 사회와 온 우주로 확대되기도 한다. 이 어두운 존재들의 양태에는 공간과 시간, 그리고 질병과 테크놀로지가 서로 교차하면서 전개되는 이미지들이 활개를 친다. 우리가 오래전 분명 어둡고 침침한 눈과 목소리로 세계를 논했던 장면들이었다고 생각이 들곤 하는 풍경들이 격자처럼 펼쳐지기도 하면서, 때때로 비(非) 시적인 종결어미와 술어가 주는 건조한 문장으로 하여금 마치 투명한 진공 유리 벽에 갇힌 모음처럼 떨리는 기분을 느낀다. 폐허가 되어 버린 세계에서 그나마 가까스로 되찾은 생명의 터전에서 힘겹게 피어 올리는 풀꽃을 보듯 어떤 가능성이 다가오다가도 천천히 몸과 마음을 죄는 불가항력의 검은 그림자에 가위눌림을 당하기라도 하는 듯 숨이 막히기도 한다. 이런 정조를 만든 시인에게 이 세계는 어떤 모습으로 다가왔을까. 물론 시인의 눈도 지금 여기를 살아가는 현대인과 마찬가지로 한 마디로 규정할 수 없는 복잡하고 다양한 시각이 중첩되어 있을 것이다. 암울한 미래 영화를 보듯 더 이상 유토피아의 둘레에도 접근할 수 없는 불가항력적인 상태에 매몰되고 흡수되어, 다만 하루하루를 숨죽여 살아가야 하는 상태에서 그동안의 인류가 쌓아온 온갖 지식과 지혜를 동원해 출구를 가늠해 보기만 하는 답답한 상황에 갇혀 있지는 않을까.

시가 문명의 앞날을 예측하기는 쉽지만, 그러한 시적 예감은 언제나 시인이 지니고 있는 예술적인 감각과 현실비판의 눈을 저버리지 않은 상태에서 가능하다고 할 때 이종섶의 시는 이런 의미에서 우리에게 특별한 인식을 제공한다. 그의 시는 과학적이면서도 시적인 상상력을 동원한 우리 시대의 '일기예보'처럼 보이기도 한다. 그는 인간이 행한 온갖 기술적 응용과 사회문화적 아비투스가 맞이하게 될 종국적인 표정에 예리한 시적 언어를 들이댄다. 그 형식은 알레고리나 상징, 혹은 언어유희 등이다. 이런 시적 방법은 그동안 세계를 조망하고 비판의식을 거두지 않으면서 시인이 획득하게 된 새로운 형식이다. 무덤덤한 어조로 시적 세계에 놓인 사태를 그리는 풍경은, 절체절명의 위기에 처한 우리 사회와 세계에 던지는 은유로 가득 찬 경고장이다. 그래서 그의 시들이 전달하는 암울하고, 어둡고, 축축한 디스토피아적 풍경에서 우리는 마음과 몸을 짓누르는 묵직한 질량을 느끼게 되는 것이다.

> 개인의 이익보다 집단의 이익
> 부분은 바로 전체이며, 전체와 동일
> 금속함량비를 가진 태양의 권력은
> 마지막 순간 중심에 블랙홀을 남긴다
> 빛도 빠져나올 수 없는 전체주의
> 진리는 천체라는 깃발 아래 결집된다
> 초기 질량이 태양 이하인 행성들이
> 산업사회를 과격하게 배척할 때
> 정복을 독점하는 전체가 폭발한다
> 절대군주의 업적은 인공천체의 조직화
> 전개 과정을 반납한 일부가
> 통제의 전체성으로 확보한 진리
> 전체로만 천체에 포함되는 기원이다
>
> ―「대폭발」 부분

시 「대폭발」은 이번 시집에 실린 첫 번째 시편이다. 마치 서시처럼 다가오는 듯한 시다. 단어를 꾸미는 형용어나 수

식어가 없이 건조한 구절들로만 구성되어 있다. 이 메마른 문장구조가 품은 어떤 암울한 징조는 '우주적' 창조와 질서 및 배열을 진술하는 속에 차차 증대되어 어딘가 희망을 탈취당한 시공간에 우리 인간이 덩그러니 내동댕이쳐져 있다는 기분을 불러일으킨다. "통제의 전체성으로 확보한 진리/전체로만 천체에 포함되는 기원이다"라는 구절에서 느낄 수 있듯이, '통제'나 '전체'가 야기하는 전체주의적인 이미지에 사로잡히는 시적 정조다. 시인이 위 시에서 그려 보이는 우주적인 기원의 내용들은, 그것이 진실이든 상상이든 오래전부터 인간이 불안하게 점쳐 왔던 어떤 이데올로기의 형성과 이에 발맞춘 인간 군중의 형상을 쉽게 떠올리게 된다. 개개의 자유의지조차 전체의 기획에 포섭되고 마는 '우주 질서'에서 인간의 의미와 가치는 아무리 긍정적으로 판단한다고 하더라도 결국 어떤 '통제'나 '전체'의 방향으로 수렴될 수밖에 없겠다는 생각이 들지 않을 수 없다. 물론 시인이 독자들에게 존재의 암울한 기원과 전개 과정을 보여줌으로써 비극적인 세계관을 피력하려고 했던 것은 아닐 것이다. 이런 시가 창작된 이면에 놓인 우리 사회의 지성과 사회적 방향에 대한 물음이 중요하다. 시인은 '존재'의 기원에 대한 상상을 시적으로 재구성함으로써 현대사회가 만들어 내는 온갖 부조리와 불합리, 그리고 이해할 수 없는 방향이 불러일으킬 어두운 징후를 선취하고자 하는 것이다.

말하는 자기와 듣는 우주의 물질 단위는 인칭이다
집이나 공간의 둘레에 인칭대명사가 별이 되고
천 개 이상 모여 은하계라는 소우주를 형성한다
막기 위하여 축조한 건조물을 가리키는 일인칭 소우주는
1천억 개 담을 관측하는 대우주 밖을 모른다
우리가 나아갈 길은 밖에서 안을 보호하면서
3인칭 복수의 침입을 막는 문법을 정비하는 것
말하는 자의 안이 보이지 않는 초기 모델은 지구중심설
높지 않은 사람의 공간을 다른 성격으로 구분한다
갈릴레오가 망원경을 이용해 천체의 울타리를 만들면서
지구중심설에 비인칭이 제기되었다
자기를 포함한 담을 언제부터 쌓았는지 밝히기 어려워
코페르니쿠스는 정밀한 천문법으로 태양중심설을 가미하였다
여러 사람을 가리키는 일인칭 대명사
뉴턴이 만유인력의 존칭을 발견하면서
성읍국가시대의 고전 역학에 우주론이 접목되었다
행랑마당과 사랑마당을 구분해 놓은 담은
두 공간 사이 친밀한 관계를 나타낸다
우리 먼저 나간다 수고해라
지배 집단과 피지배 집단 사이에 주거 차이가 발생하면서
말과 언어의 관측 기술이 고도로 발전되었고

존귀한 인류는 하나밖에 없는 태양이 우주에서
수천억 개 은하 중 하나라는 사실을 깨닫게 되었다
말하는 방향으로 균일하게 분포된 우주는
가장자리도 아랫목도 중심도 없다
신분에 따른 위엄을 자손만대 잇기 위하여
낮은 사람을 상대하는 극성에 군림한다
거대한 공백에서 소용돌이치는 거품을 먹고 산다
담과 같은 구조물로 추정되는 20세기 초의 발견
우주가 시작되었고
우주가 팽창하고 있다

—「우리는 우리」 전문

시집의 표제작인 시다. '인칭대명사'를 사람뿐만 아니라 행성을 포함한 우주 범위로까지 확대했다. 여기에는 지구중심설이니 태양중심설이니 하는 근대 우주관에서부터 시작하여 뉴턴의 만유인력의 법칙을 지나 "지배 집단과 피지배 집단 사이"의 "주거 차이" 발생을 지적하고, "신분에 따른 위엄" 같은 신분 제도적인 측면까지 짚으면서 앞서 「대폭발」과 같은 우주론을 논한다. 필자는 독특한 시적 전개 방법을 사용하는 시인의 의도가 무엇이었는지보다는, 이런 시적 형상화를 통해 환기하는 이미지에서 어떤 의미를 건져낼 수 있는가가 더욱 절실해 보였다. 그러니까 시인은 이러한 일련의 '우주론'을 사회·역사적이고 풍속적인 내용을 가미한 독특한 시 형식을 통해 독자들에게 전하려는 메시지가 무엇인지 궁금하지 않을 수 없는 것이다. 하지만 그런 의문은 시적 형상화를 통해 촉발된 의식인 만큼 그 해답의 유무 또한 큰 의미는 없다. 독자는 시를 읽고 저마다 각자가 지니고 있는 사고방식과 감성으로 걸러내기 마련이다. 수용미학에서 말하는 독자의 반응이 시를 읽는 가장 중요한 포인트라면, 위 시는 현대를 살아가는 우리들에게 존재 방식과 실존의 반성을 끄집어낸다. '우주'까지 확대되는 사고의 팽창은 독자들에게 '두통'을 일으키지만, 이러한 감각적인 반응이야말로 시가 만들어 내는 효과인 셈이다. "행랑마당과 사랑마당을 구분해 놓은 담은/두 공간 사이 친밀한 관계를 나타낸다/우리 먼저 나간다 수고해라" 같은 진술이 위 시에서 '이질적인' 느낌을 불러일으키는 까닭도, 어쨌든 시인의 현재 의식이 우주로까지 확대하는 과정에서 어쩔 수 없이 데리고 온 '시적 요소'일 것이다. '담'은 주체와 타자를 갈라놓는 경계이면서 한편으로는 '나'와 '우리', 그리고 '공동체'나 '집단'의 결속을 공고하게 하는 구조물이기도 하다. 그 담을 경계로 해서 문화가 생겨난다. 이러한 문화는 지속과 유전의 원천이 되기도 하지만, 더러 분별과 구분의 방편이나 수단이 되기도 한다. '우리'라고 말할 때 전해지는 따뜻하고 다정한 동류의식이 알게 모르게 그 뒤편에 칼날을 품고 있다는 사실을 깨닫게 되는 아이러니함을 어떻게 해야 할까.

인간의 불행이 따뜻해지는 원인
무자비하고 비극적인 운명이
가장 고귀하고 용감한 인간을 기린다
북극의 가장자리는 나무가 자라지 않는다는
낙관적인 견해에도 불구하고
전쟁이나 암살 같은 실제 사건을
무대에서 상연하기보다 등장인물의 입으로 폭로한다
분열이 발생하는 온난화의 기본은 해빙이므로
빙산은 생기지 않거나 생겨도 아주 작다
질서 있는 세계는 운명의 장난
위대하고 고결한 정신이 패배했을까
동물은 가죽을 벗어 먼 바다로 보낸다
식물은 꽃을 피우고 열매를 맺으며
기적극이나 신비극으로 속죄한다
강제가 없으면 기온이 하강한다는 비관론자들은
높은 신분과 천한 계급을 혼합해
영혼을 데우는 주범으로 몰아간다
고통에 대한 보답은 패배가 아닌 필연적인 승리
희망 없는 온도를 팽팽하게 당긴다
위대한 싸움은 해빙을 만들지 않아
더 높은 고도로 서식지를 옮긴다

—「따뜻한 북극」 전문

'지구온난화'와 '북극'의 상관관계는 오래전부터 기후 위기와 관련해 중요한 이슈로 자리 잡았다. 북극이 따뜻해질수록 지구는 위험해진다는 논리는 이제 거의 상식이 되어버렸다. 해수면의 온도가 올라갈수록 그만큼 빙하의 면적이 줄어들고, 이에 따른 연쇄효과로 발생하는 온갖 이상기후변화와 자연재해를 전문가들이나 언론에서 다뤘다. 시인은 지구생태계에 대한 염려와 함께 이를 새로운 형상화를 통한 시적 메시지를 보여준다. "분열이 발생하는 온난화의 기본은 해빙이므로/빙산은 생기지 않거나 생겨도 아주 작다/질서 있는 세계는 운명의 장난/위대하고 고결한 정신이 패배했을까", 언뜻 의미를 헤아리기 힘든 문장에서 시인이 말하고자 하는 게 무엇인지 묻게 된다. 나는 "질서 있는 세계는 운명의 장난"이라는 구절에 주목한다. 온난화가 진행되어 북극이 그간의 '정체성'을 상실하는 것은 '질서'에 균열을 내는 일일까, 아니면 '새로운 질서'를 만들어가는 일일까. 이런 물음을 계속 따라가다 보면 '세계'와 '질서' 사이에는 어떤 비례도 설정하기 힘들다는 느낌에 사로잡히게 된다. "고통에 대한 보답은 패배가 아닌 필연적인 승리"라는 구절과 "희망 없는 온도"와 같은 표현에서 시인조차 비전을 제시하기 쉽지 않은 이 세계의 현실을 떠올리며 언어가 직조하는 길을 무연히 따라가는 듯하다.

이번 시집에서 시인은 독특한 화법과 어조로 우리 사회

가 짊어진 여러 문제들에 대한 해법을 시적 형상화로 기록한다. 여기엔 희망과 낙관의 비전이 삭제된다. 줄곧 다루어 온 사회현상에 접근하는 시인만의 독특한 접근법은 독자로 하여금, 그 사태를 인식하고 바라보는 시각의 단순성을 겨냥하고 있다. 매번 사건이 발생하고, 사건을 지켜보는 시민들의 생각이 하나로 수렴되고, 수렴된 사회적 의식을 제어하고 통제하여 일반화된 목소리로 치장하는 기관과 위정자의 처신을 생각한다. 이런 세계에서 시가 맡을 수 있는 기능 가운데 하나가 '비틀기'일 것이다. 사람들이 모두 한곳을 바라볼 때 시인은 사람들이 눈여겨보지 않거나 외면하고 있는 곳을 응시한다. 사람들이 현명한 문제해결 방법이라며 묘안을 제시할 때 시인은 아무도 생각하지 못했던 방법을 제시한다. 이것은 시가 사람들에게 되돌려 주는 언어의 희롱이자 의미의 해체이기도 하다.

홀로 살다 쓸쓸하게 맞이하는 탑골공원
백골이 된 망자들이 사회문제로 드러나면
인칭 문제를 둘러싼 사물의 관계는
구체적인 언어의 암묵적인 이해에 맡겨지고
상황 지시의 원점에 상정된다
사망을 야기한 파고다공원으로 개원하였으나
위험에 노출된 독거노인들은 박카스공원으로 개칭
고독사에 대처하는 안전 매뉴얼에 따라

힘없는 권력을 향해 독립선언문을 낭독한다
그 밖의 사람을 가리키는 대명사 3인칭은
판을 끝내는 인칭 세계를 구성
인칭 의식 발달 초기 여성 단수 2인칭을
주변 인물로 포함하는 계약을 맺고
증여자의 사망으로 효력이 발생하는
주검의 혈흔에 관한 보고를 입법하면
고독사를 방지하는 골목 상권이 문상한다
문법이 확정되지 않은 부정칭이
핵가족 해체 이후 등장한 문제를 푸는 동안
대상 없는 성인병에 의한 사망은
청계천과 인사동을 연계한 코스에
고독사 없는 요양 거리를 추진한다

―「4인칭」 전문

'고독사'가 '사회문제'로 수면에 떠오른 건 그다지 오래되지 않았다. '고독'이라는 말과 '죽음'이라는 말의 결합이 이처럼 자연스럽게 들릴 수 있는 까닭은, 이 두 단어의 의미가 밀접하게 연관되어 있기 때문이다. 그런데 죽음 자체는 굳이 고독이니 외로움이니 하는 수식을 붙이지 않더라도 그 단어가 환기하는 여러 정황들이 자연스럽게 달라붙는다. 독거노인이 증가하고, 이에 따라 고독사하는 사람들이 많아지는 요즘이다. 시인은 '4인칭'이라는 인칭대명사로 고독사하는 존재를 지칭한다. 4인칭은 잉여의 존재다. '나'와 '너'와 '그'에 속하지 않는 존재를 시인은 4인칭이라는 명명법으로 소환한다. 고독사는 절대 일어나서는 안 되는 '사건'이고, 이 사건의 발생 빈도가 높을수록 위정자들의 위치와 상황은 불안해진다. "인칭의식 발달 초기 여성 단수 2인칭을/주변 인물로 포함하는 계약을 맺고/증여자의 사망으로 효력이 발생하는/주검의 혈흔에 관한 보고를 입법하면/고독사를 방지하는 골목 상권이 문상한다"고 시인은 말한다. 이 알레고리가 자아내는 황폐함은 '고독사' 자체에서 발생하는 게 아니라 고독사를 둘러싸고 있는 존재와 그 풍경이 만들어 내는 웃지 못할 '촌극'에서 비롯한다. 우리 모두는 죽는다. 그러나 문제는 죽음의 방식이다. '고독사'라는 그물에 걸리지 않는 이는 없다. 죽음이 고독이 아니라면 무얼 두고 고독이라고 할 것인가. 나와 너가 모인 '우리' 사회에서 빚어지는 모순과 일그러진 해법이 예나 지금이나 인간사회의 특징이 되어 왔다고 생각하지 않을 수 없다. 시는 존재의 빗면에 고개를 돌리는 경우가 많다. 질서정연하거나 체계가 잡혀 빈틈이 없는 세계를 못 견디는 것이 시다. 하지만 시는 기우뚱하거나 흔들리는 세계에서도 아무도 가지 않는 방향으로 눈을 준다.

장마철에 더 무섭게 자라는 잡초들
모질게 뽑아버린 손바닥에

빗물을 인주 삼아 지문을 찍는다

이름 없는 것들의 푸른 핏물이
방향을 분간할 수 없는
낯선 지도 속으로 천천히 흘러가면

울며 떠났던 새들이 다시 돌아와
날개를 씻을 수 있을까

사지로 내몰린 목숨들은 언제나 아득한데
낮은 골짜기에 불어온 바람을 거역하지 못해
가여운 것들 함부로 없애버린 죄
결코 용서받지 못할 것이다

반항도 하지 않는 풀들의 머리채를
어지럽게 휘어잡았던 손바닥이 아리다

풀이 남긴 지문을 들키지 않으려고
주먹을 쥐고 사는데도
비가 오는 날이면 풀물이 흘러나온다

씻어도 지워지지 않는 풀의 지문
손바닥을 보이지 않는 날이 오래되었다

—「풀의 지문」 전문

「풀의 지문」에서 여린 것들의 흔적으로 시인에게 배달된 양심이 어떤 윤리적인 태도를 견인하는지 눈여겨보는 일은 독자로서도 참으로 견디기 힘든 일이다. '풀'이 상징하는 것들을 생각한다. 그것은 보잘것없음, 힘없고 약함, 지천에 널렸지만 두드러지지 않음, 무시해도 좋을 존재감 등이다. 그래서 이런 소재가 시에 등장할 때면 우선 저 자신부터 되돌아보게 된다. 흔히 말해 '반성'을 하게 된다. 하지만 이런 태도도 어찌 보면 학습된 '도덕심'일 수도 있을 것이다. 학습되었건 그렇지 않았건 풀의 이미지는 다른 존재와는 다른 의미 양상을 가져다준다. "반항도 하지 않는 풀들의 머리채를/어지럽게 휘어잡았던 손바닥이 아리다"고 시인은 썼다. 여기에 '풀의 지문'이 남는데, 시인은 "씻어도 지워지지 않는 풀의 지문/손바닥을 보이지 않는 날이 오래되었다"고 고백한다. 이것은 필경 부끄러움일 것이다. 사람들이 개의치 않는 섬세한 행위나 모양에도 신경을 곤두세운다. 시인의 마음은 조금만 건드려도 상처를 남기는 연약한 세계다. 하지만 연약함은 강인한 윤리 의식의 바탕에서만 주조되는 시인의 질감이다. 이런 서정성 짙은 시편들이 이번 시집의 한 축을 형성한다. 사회비판적인 목소리는 서정의 부드러운 바탕에서 더욱 날카로워진다는 사실을 이번 시집을 통해 알 수 있다.

흙으로 사람을 만들어 자연에서 일하게 합니다 탐욕과 파괴를 좋아해 성능을 발휘하지 못하면 사회에서 한 번 더 사용하면서 점검해 보세요 여전히 오작동을 반복하며 다툼과 충돌만 일으키고 불편한 정도를 넘어 그 폐해가 심각하다면 작업지시서대로 리콜을 결정하면 됩니다 흙으로 돌아온 사람을 면밀히 뜯어본 결과 회생 가능성 제로일 때는 돌려보내지 마십시오

리콜 후에는 흙의 공장에서 하나하나 분해하며 체크해야 합니다 이것은 재생이 가능해서 쓸모가 있는지 저것은 수명이 다 돼 불량품이라든지 각 부품을 판단하는 지침을 꼭 기억하세요 심장은 녹슬지 않았나 농도가 부족한 피나 오염된 피를 정품으로 갈아두었나 정밀하게 파악해야 합니다 작업이 완료되면 통과한 사람은 하늘로 올려보내고 미달한 사람은 지하로 내려보내 폐기하세요

—「흙의 리콜」 전문

이종섶은 과학적 우주관과 성경 지식을 바탕으로 현대인이 맞닥뜨린 집단적·개인적 위험 상황 및 존재 상태를 시적으로 진단하는 데 능숙하다. 그에게 인간과 세계가 처한 형식은 언제든지 다시 가꾸고, 다듬고, 고치고, 꿰어맞춰야 하는 대상으로 다가온다. 태초에 불붙은 평화와 사

랑의 에너지는 갈수록 고갈되거나 변형되어 그로테스크하게 일그러진 지금의 세계다. 아직도 태초의 기억을 간직하거나 잊지 않는 이가 있다면 성직자나 구도자보다도 오히려 시인이 더 가까운지도 모르겠다. 시인은 다시는 돌아갈 수 없거나 더 이상 앞당길 수 없는 유토피아를 늘 염두에 두는 자다. “흙으로 사람을 만들어 자연에서 일하게” 한다는 우리의 오래된 믿음이 “작업이 완료되면 통과한 사람은 하늘로 올려보내고 미달한 사람은 지하로 내려보내 폐기하”는 파국으로 끝나게 될 사실은 미처 예견하지 못한다. 흙으로 태어난 인간이 죽으면 다시 흙으로 되돌아간다고는 하지만, 자연에서 만들어진 인간이 ‘자연스럽지 않은’ 기획과 실천으로 흙으로 순환한다는 사실 자체가 참으로 아이러니하지 않을 수 없다. 시인은 인간에 대한 믿음으로 인간을 다시 조명한다. 인간은 지구나 태양계, 아니 우주 전체에서 탈탈 털어내버려도 상관없는 티끌 같은 존재일 뿐이라고 말하는 이들도 없지 않다. 시인은 그런 극단적인 의식에까지 나아가지 않는다. 다만 ‘인간 현상’이 만들어내는 기괴하고 그로테스크한 존재 양식 자체에 관심이 둔다. “전능하신 아버지를 믿는/대레이더미사 레시타티브를 정점으로/스틱스미사의 장대한 포르테가/‘사랑인 우리를 위해서’를 감동적으로 개량한다”(「Missa Solemnis」)는 대목 또한 그러한 그로테스크한 세계를 비트는 시적 형상으로 받아들일 수 있다.

고전적인 사고이긴 하지만, 예술은 영원한 아름다움을 지향하고 그것을 표현함으로써 감동을 준다. 방식과 수단의 차이일 뿐 시도 마찬가지다. 이종섶 시인의 시집에서 현대인이 끝내 마주하게 된 우리 시대의 비극과 참상은 양상을 달리하면서 앞으로도 줄곧 재현될 공산이 크다. 모든 존재가 부딪친 이중구속이다. 평화는 전쟁을 야기하고, 전쟁도 평화를 불러온다. 인간은 현재보다 나은 쪽을 선택하면서도 최악의 결과를 비껴가지 못한다. 이것이 인간의 한계다. 어쩌면 세계의 한계일 수도 있겠다. 이 무렵 천천히 고개를 들곤 하는 디스토피아의 검은 구름은 벌써 우리를 점령했는지도 모른다. 희망은 여기에서 비롯된다. 그 희망을 위한 장엄한 칸타타를 이종섶은 연주한다.

시인수첩 시인선 084
우리는 우리

초판 1쇄 인쇄 2024년 2월 28일
초판 1쇄 발행 2024년 3월 6일

지은이 | 이종섶
발행인 | 이인철

펴낸곳 | (주)여우난골
주 소 | 서울특별시 강남구 언주로30길 27. 606호 (도곡동 우성리빙텔)
전 화 | 02-572-9898
팩 스 | 0504-981-9898
등 록 | 2020년 11월 19일 제2020-000328호

블로그 | blog.naver.com/seenote
이메일 | seenote@naver.com

ISBN 979-11-92651-24-8 03810